# 新世訓

生 活 方 法 新 論

馮 友 蘭　|著

# 序 言

陳來

　　二十年來，中國社會從「社會主義計劃經濟」到「社會主義市場經濟」發展的經驗，已經使我們切近地體會到，在以市場經濟為基礎的現代社會中，「成功」成了青年大眾最流行的價值取向，而古代儒家的聖賢理想和革命時代的道德追求都已漸漸失落。事實上，這是現代化社會道德精神生活的大趨勢。當然，在改革開放時代的初期，這種趨勢的出現主要導源於人們對「文化大革命」的深惡痛絕所帶來的對那種高調的革命文化的離棄，但在此後的發展中，這種趨勢與市場經濟的發展更結下不解之緣。在這種社會文化發展中，個體自我的張揚與利益的追求，日趨升進，呼應了改革開放和社會主義市場經濟的建立，成為中國現代化發展的一部分。

　　中國的現代化進程，早在上世紀的前三十年中已經經歷了初期的發展，在文化觀念上的「脫古入今」，也在「五四」時代新文化啟蒙運動中得到了前衛的發展。儘管，從辛亥革命到北伐結束，擺脫政治的分裂和混亂是政治社會的焦點，科學和民主則是文化運動的核心，但在一個近代社會中如何重建道德和人生方向，也漸漸提

起注意。進入 1930 年代，隨着現代化的進程加快，現代化的問題意識也在文化上漸漸突起，這些都不能不在思想家關於倫理和人生思考上有所反映。另一方面，中國文化中具有長久的道德思想傳統，儘管新文化運動衝擊了「禮教」的社會規俗，但在道德倫理領域上「傳統」與「現代」的問題並未合理解決，新文化運動後期以後，思想文化領域的學者對傳統道德在近代社會的意義漸多肯定，為理性地討論此問題奠定了基礎。

馮友蘭先生（1895—1990）是 20 世紀著名的哲學家。1928 年，馮友蘭先生隨羅家倫代表國民政府接收清華，參加了當時的領導班子任秘書長；次年辭去秘書長職務，任哲學系主任。1930 年夏，羅家倫辭職後，馮友蘭被推選為校務會議主席，主持清華大學工作。1931 年 7 月起，馮先生任清華大學文學院長，直至 1949 年。1948 年冬，梅貽琦離校之後，馮友蘭先生再次被推選為校務會議主席，主持清華大學工作；解放後被任命為校務委員會主任，正式擔任清華大學的領導工作。從 1928 年進入清華，到 1952 年轉調北大，馮

先生在清華曾擔任文學院長達 18 年之久，並長期擔任清華校務領導的核心成員，對清華大學的教育發展貢獻甚大。

馮友蘭在 1920 年代曾出版過《一種人生觀》（1924）和《人生哲學》（1926），1930 年代他也就人生問題作過多次講演。可以說，對人生哲學的留意是馮友蘭始終關注的一個重點。《人生哲學》在當時曾列為高中教科書，而《新世訓》的各章都先在《中學生》雜誌 1939 年末至 1940 年初各期上發表，如果說前者之作為中學生讀物是被動的，那麼後者則可以說是有意地以青年為對象而寫作的。從而，指導青年人生和修養成為《新世訓》的基調，它是對把傳統理學的道德教訓詮釋於現代生活的一種新論。

從 1910 年代中期到 1930 年代中期，以現代化產業為中心的社會經濟變化大規模展開，中國的現代工業部門開始迅速增長（儘管它只佔整個經濟很小的部分），城市社會組織和社會結構劇烈變化，接受了新式教育的新知識青年大量成長，中小以上城市的社會已經告別了傳統的面貌。這一切，使得「現代化」或「工業化」已經進

入 1930 年代學者的問題意識，馮友蘭在 1930 年代末寫的《新世訓》，也明顯地具有這種意義，即針對後聖賢時代而提出的一種詮釋傳統德行以適應現代世俗社會的個人生活的倫理教訓。

《新世訓》的大部分篇章先發表於《中學生》雜誌 1939 年 10 月至 1940 年 3 月各期上，1940 年 7 月《新世訓》出版。馮友蘭在《新世訓》緒論中指出，此書又可稱「生活方法新論」，為什麼叫生活方法？新論之新在何處？在我看來，所謂生活方法，是着重於人在生活中採取妥當適宜的行為，而不是集中在內心的修養。這個出發點和宋明理學家是不同的。所謂新論之新，馮友蘭有清楚說明，第一，「生活方法必須是不違反道德的規律的」，第二，「宋明道學家所謂為學之方，完全是道德的，而我們所講的生活方法，則雖不違反道德的規律，而可以是非道德的」。也就是說，從今天的立場來看，以前古人講道德仁義的教訓中，包含了三類規律：第一類是古往今來一切社會都需要的普遍道德原則，第二類是專屬某些社會所需要的特殊道德原則，第三類是一些屬於非道德性質的但有益

於人事業成功的生活行為方法。

理學家認為人的思想「不是天理，便是人欲」，極大地突顯道德與不道德的對立緊張，而沒有給其他道德中性的思想感情留下空間，實際上是把許多道德中性的思想感情都劃入「人欲」之中。現代社會的倫理的重要特色就是把大量道德中性的思想、行為從理學的「非此即彼」的框架中解放出來，以減少道德評價對人生的過度介入。馮友蘭的這種說法當然包含了對宋明理學的批評，但其意義不止於此，其目的不限於解放為理學所嚴加管束的生命欲望上，還在於要突出非道德的人生教訓即生活方法的意義。

《新世訓》既講道德的生活方法，也講非道德的生活方法。例如忠恕，他一方面仍然「把忠恕作為一種實行道德的方法說」，另一方面則「又把忠恕之道作為一種普通『待人接物』的方法說」。這後一點，即把生活方法作為一般普通的待人接物的方法教訓，正是《新世訓》的重點和特色。所以，並不是說馮友蘭只講非道德的人生教訓，而是說在宣講道德的人生教訓的同時，他也重視非道德

的人生教訓，這亦成為本書的特色。

　　由於此書的特點是重視非道德的人生教訓，所以命名為生活方法新論，與此相應，他把「生活方法」對應於「生活規律」，即為了符合生活的規律而採取的生活方法。馮友蘭強調「規律」而不是使用「規則」，是很有其用意的。規則用於道德生活，故我們習用「道德規則」，而規律則多指道德領域之外的生活經驗的總結。「道德規則」是講人應該如何做，「生活規律」是講人如何做才能趨利避害。故此書在態度上是更多地把「道德教訓」的規範，變成「經驗之談」的規律，或寓道德規則於經驗之談。在中國傳統文化中，這一類的內容很多，如《老子》、《周易》中很多強調人生成敗的經驗教訓，其中有不少可以說反映了社會生活的規律。儒家文化中也容納了不少此類內容。特別是，在世俗儒家文化中，也就是儒家思想和價值在具體應用於家庭、社會、人際交往的實踐中所形成的實踐形態，如家訓、家規等，也有很多這類內容。這些家訓、家規都受儒家價值的影響，但同時以經驗教訓的面目出現。

要指出的是，表面上看來，《新世訓》中所説的「道德的生活方法」是來自儒家，而「非道德的生活方法」多來自道家，但不能把此書僅看成是亦儒亦道或儒道結合的一種文化混合物，事實上，這些非道德的生活方法在歷史上也為廣義的儒家文化所容納。從《新世訓》的讀者對象來説，此書與明清時代的通俗儒家作品，如蒙學讀物等接近，而我們更要看到這種對生活方法的關注所具有的現代社會生活的背景。正是在此種現代生活背景之下，馮友蘭力圖提出一種適應人（尤其是青年人）在現代社會生活的人生思想。也可以説，正是他注意到生活方法在現代生活中的重要性，才注意利用中國文化中廣泛的人生思想資源。

前面我指出，所謂生活方法，是着重於人在生活中的妥當適宜的行為。這裡所謂妥當適宜，是指這些行為有助於個人在社會上的成功。馮友蘭晚年在《三松堂自序》中回顧説：

> 在抗戰以前，開明書店出了一個刊物，叫《中學生》，發表關於青年修養這一類文章。我還在南岳的時候，他們向我約稿，當時沒有寫。到了

昆明以後，寫了一些，在《中學生》中連載。後來把它們編為一部書，題名為《新世訓》。當時我想，這一類的文章，在舊時應該稱「家訓」，不過在以社會為本的社會中，讀者的範圍擴大了，所以稱為「世訓」。

從「青年修養」和「家訓」的提法可知，此書的撰寫的最初起因，應當是教導青年如何「做人做事」。但本書的實際內容，是偏重在如何做人以獲得「人的成功」。換言之，本書討論的是，一個人要在社會上取得成功，他應當如何處事、做人、自處。成功的關注，在古代即是屬於「事功」的範疇，正統儒家往往把「功」和「德」嚴加區別，而馮友蘭此書的特點，照其自己這裡的說法，則是把「功」和「理」，即把個人的成功和社會生活規律（規則）結合起來，把個人的「事功」和「行德」結合起來。道德規則是「無所為而為」的，而經驗之談是「有所為而為」的，道德規則強調人應當這樣做，只服從道德規則，即使個人吃虧也要這樣做。而經驗之談是告訴人怎樣做才能做事順利和成功。

在這裡，我們看到他的更重要的一段自述：

還是在青年的時候，我很喜歡佛蘭克林所作的《自傳》，在其中他描寫了他一生中怎樣由一個窮苦的小孩子逐漸成為一個成功的世界聞名的大人物。當然，他的成功並不是用損人利己的方法得來的。他的成功跟美國的社會的進步也有一定的聯繫。我們也不能說他不是一個具有民主思想的愛國主義者。……我在《新世訓》裡所宣傳的，實際上就是這種生活方式。我雖然也經常提到中國封建主義哲學家所講的生活方法，也經常引用他們的言論，但是我跟他們在有一點上是有基本不同的。我說：「宋明道學家所謂為學之方，完全是道德的，而我們所講的生活方式，則雖不違反道德的規律，但不一定是道德的。說它不是道德的，並不是說它是不道德的，而是說它是非道德的。」這就是說，我所講的生活方法，所要追求的一個主要部分，是在不違反道德的範圍內，盡力追求個人的成功。[①]

　　這一點很重要，就是說，此書關注和所要解決的重要問題是「如何不違反道德地追求個人的成功」。一種追求成功的進取精神如何

---

[①]《三松堂全集》第十四卷，河南人民出版社，2000 年第二版，第 980—981 頁。

不違反道德，這不僅對當時經歷了現代中國第一波現代化高潮的
1930 年代的青年人生觀有意義，對今天從社會主義計劃經濟到社會
主義市場經濟的社會轉型，也具有現實的意義。這就是為什麼馮友
蘭在此書中着力於「非道德方面」的人生教訓的根本原因。雖然就
個人而言，此書包含着對個人追求成功的肯定，但就社會而言，此
書無疑具有在市場經濟條件下指導青年人生、增益社會良性行為的
積極的社會功能。

　　德國著名社會學家馬克斯·韋伯在《新教倫理與資本主義精神》
的第二章「資本主義精神」的開始，大段大段地引述了富蘭克林教
導年輕人的話，如：「切記，時間就是金錢。……切記，信用就是
金錢。……除了勤儉和勤奮，在與他人的往來中守時並奉行公正原
則，對年輕人立身處世最為有益」，等等。[①]韋伯肯定了這些話是「具
有倫理色彩的勸世格言」，他認為：「富蘭克林所有的道德觀念都

① 《新教倫理與資本主義精神》，北京：三聯書店，1987 年，第 33—35 頁。

帶有功利主義的色彩，誠實有用，因為誠實能帶來信譽；守時、勤奮、節儉都有用，所以都是美德。」這些都和《新世訓》的內容在性質上具有類似之處，雖然馮友蘭所講，與富蘭克林相比，做人和做事的部分更多。

如果我們把韋伯着眼於經濟倫理或工作倫理的表達換成一般倫理學的語言，那麼可以説，韋伯在富蘭克林那裡所看到的正是傳統的非功利主義到近代功利主義的轉變，是一種近代社會的人生態度與精神。這也説明，帶有功利性的思想，在古代是被正統思想所排斥的，因此富蘭克林也好，馮友蘭的《新世訓》也好，正如韋伯所説，這種包含着具有功利主義色彩而道德中性的勸世格言，正代表了從古代到近代在倫理觀念上的一種轉變。所以，《新世訓》的這種適應轉型時代社會的倫理特點和他在 1930 年代所持的現代化取向的文化觀是一致的，即馮友蘭希望為多數人提供一種適合現代化過程的行為倫理，一種適應現代社會和市場經濟結構的倫理。

應當指出，雖然《新世訓》中有不少哲學的闡述，但就讀者對

象來説，《新世訓》在性質和功能方面與古代通俗倫理讀物有類似之處，它不是討論精英儒者的修養功夫，而是對一般社會人士提出的行為指導，這是它具有上述特點的原因。馮友蘭思想中更為積極的人生與價值理想，即面對精英而肯定的聖人境界，要到幾年後的《新原人》中才完全發展出來。所以，在《新世訓》出版兩年後完成的《新原人》，同樣是討論人生觀，便與《新世訓》的着眼點不同了。馮友蘭後來在回憶《新世訓》時説過：

> 我還可以説，《新世訓》不過是一本通俗的書，所講的生活方法，只是為一般人説的。新理學的人生觀並不僅僅就是這個樣子。在新理學的體系裡，是提出了一個人生的崇高目的，就是「希聖希賢」。

這裡所説提出人生的崇高目的和希聖希賢人生觀的就是《新原人》，該書在《新世訓》基礎上，提出了對精英的更高引導。

如果從現代的角度看，《新世訓》中勸人「做人」的人，雖然不是聖人，但這樣的人生卻已經是現代社會難得的正面人生，其積

極意義應當充分肯定。正如，「消極的自由」與「積極的自由」不同，但消極的自由仍有其重要的意義。在這個意義上，《新世訓》較偏於消極的自由，即如何不違反道德；而《新原人》更發展了積極的自由，即如何由道德境界進而達到超道德的境界，達到聖賢的境界。當然，馮友蘭最終在《新原人》裡找到了他自己看來是更好的解決之道，在這個意義上，《新世訓》對於他自己並不具有終極的意義。但是，放在現代中國社會倫理變遷中來看，《新世訓》中涉及的問題確實值得重視，即儒家的傳統人格理想在現代社會如何調適。

對於現代社會的人，哲學家不能只提出極少數人才能達到的最高的精神境界，而必須為規範大多數人的現代人生提出可知可行的正當的生活方式。《新世訓》正是以大多數現代人為對象而提出的行為指導，其性質與《新原人》是不相同的，也更具有社會倫理的現實功能。而非道德的處世方法若上升為價值觀念，確實是現代人所需要的健康人生理念的一部分，即不唱道德高調，但仍給人生以適當的指引。在這個意義上，《新世訓》的倫理意義不容忽視。也

正是在這一意義上，我曾説：「《新世訓》論述了現代社會的人的生活行為的基本規律，謀求從古代的聖人道德向現代的以個人為基礎的道德生活的轉變。」

　　如我在一開始所説的，成功的追求已經成為當今青年的主導價值取向，但「成功」和「做人」如何統一，如何獲致正當或正確的方法以求成功，使人得以保持好的行為以防止墮入不道德，正是這個時代所需要的人生行為導向。從這方面看，《新世訓》是有其重要意義的。特別是，它提示出，聖賢理想落寞之後，不見得就是感性的張揚，在後聖賢時代中，「生活方法必須不違反道德規律」仍然是人生重要的課題。在法律和道德之外，道德中性的人生教訓對現代人也甚為需要。事實上，《新世訓》並沒有鼓吹「成功」的價值，它仍然致力於在傳統聖人理想消沉以後能找到適宜的方式給青年人生以正確指導。如果讀者讀了《新世訓》後，逐步產生了更高的人生追求，那就可以讀馮先生的《新原人》了。

《新世訓》原本中，「底」的用法是 1930 年代常用的詞法，現代漢語已經不再採用了。徵得了宗璞先生的同意，為了方便廣大學生閱讀，我們把這些「底」字都改作了「的」字，所以我們這個《新世訓》的讀本可稱為青年讀本，這是要向讀者說明的。

2011 年 5 月於清華大學國學研究院

新世訓

# 目　錄

# 自 序

　　承百代之流，而會乎當今之變。好學深思之士，心知其故，烏能已於言哉？事變以來，已寫三書。曰《新理學》，講純粹哲學。曰《新事論》，談文化社會問題。曰《新世訓》，論生活方法，即此是也。書雖三分，義則一貫。所謂「天人之際」，「內聖外王之道」也。合名曰《貞元三書》。貞元者，紀時也。當我國家民族復興之際，所謂貞下起元之時也。我國家民族方建震古鑠今之大業，譬之築室，此三書者，或能為其壁間之一磚一石歟？是所望也。

民國二十九年二月舊曆元旦

馮友蘭序於昆明

# 緒 論

　　我們的這部書一名為：生活方法新論，人都生活，其生活必多少依照一種規律。猶之乎人都思想，其思想必多少依照一種規律。一種規律，為人的思想所必多少依照者，即是邏輯的規律。這規律並不是人所規定，以硬加於人的思想者，而是一種本然的規律，為人的思想所本須多少依照而不可逃者。所以在未有人講邏輯學之先，人的思想，本來都多少依照邏輯的規律，人的正確的思想，本來都依照邏輯的規律。邏輯學並不能創造邏輯的規律，以使人必從。它不過發現了這些規律，而將其指示出來，叫人於明白了這些規律之後，可以有意地依照着思想，使其思想，本來多少依照這些規律者，現在或能完全依照之。如能完全依照之，則其思想即可完全正確。因此邏輯學可以教人如何思想。就其可以教人如何思想說，它所講的一部分是所謂思想方法。因其所講的一部分是所謂思想方法，所以它亦屬於所謂方法論。

　　人的生活也有其本然的規律，任何人都必多少依照它，方能夠生活。例如在人的生活的物質方面，無論古今中外，人都必須於每日相當時間內吃飯，相當時間內睡覺。在這一方面，有本然的規律，人必多少都依照這些規律。完全不依照之者，必準死無疑。完全依

照之者，必有完全的健康身體。不過人的生活這方面，並不是我們討論所及。我們於此所謂生活或人的生活，是就人的生活的精神的或社會的方面說。在這方面，亦有些本然的規律，為人所都多少依照者。例如「言而有信」，是人的社會的生活所多少必依照的規律。無論古今中外，固然很少人能完全依照此規律，但亦沒有人能完全不依照此規律。騙子是最不講信的了。但他不講信，只限於他做他的騙子工作的時候。除此之外，他如應許他的房東每月付房租，他亦須付房租；他如應許他的聽差每月付工資，他亦須付工資。他的騙子工作，只於某一時為之。如果他於任何時皆騙，他所說的任何話皆不算話，這個人便不能一刻在社會中生活。此即等於說，他不能一刻生活，因為沒有人能離開社會生活。

　　這些本然的規律，是人所都多少依照的，但人不必皆明白這些規律，所以其依照之不必皆是有意的。我們亦須要有一門學問，發現這些規律，將其指示出來，叫人可以有意地依照着生活，使其生活本來多少依照這些規律者，或能完全依照之。這門學問，可以教人如何生活，所以它所講者可以說是生活方法。我們的這部書即打算講這門學問。

　　我們於以上所說關於生活方法的意思，《中庸》已大概說過。我們所說人的生活所依照的本然規律，《中庸》名之曰道。這個道是人本來即多少照着行，而且不得不多少照着行的，所以說：「道也者，不可須臾離也，可離非道也。」凡人可以照着行，可以不照着行者，一定不是人的生活所依照的規律。不過人雖都多少照着道行，而卻非個個人都知他是照着道行，而道的完全的意義，更非個個人所能皆知，所以《中庸》說：「人莫不飲食也，鮮能知味也。」人雖多少照着道行，但完全照着道行，卻不是容易的。人對於道雖多少都有點知識，但對於道的完全的知識，卻不是容易得到的。所以說：「君子之道，費而隱。夫婦之愚，可以與知焉，及其至也，雖聖人亦有所不知焉；夫婦之不肖，可以能行焉，及其至也，雖聖人亦有所不能焉。」

　　邏輯學所講的思想方法，亦是如此。個個人都多少照着邏輯的規律思想，如其不然，他的思想即不能成為思想。但是完全照着邏輯的規律思想，卻是很不容易的。個個人對於邏輯的規律，都多少有所知。我們常聽人辯論，這個人說：「你錯了。」那個人說：「你錯了。」我如說：「凡人都有死，我是人，我可以不死」，無論什麼人，

都知道我是胡說八道。這可見，無論什麼人，對於邏輯的規律，都多少有所知。不過對於邏輯規律的完全的知識，卻不是容易得到的。在現代哲學裡，人對於邏輯規律的知識，進步最大，但我們還不能說，我們對於邏輯的規律，已有完全的知識。

　　關於生活方法，古人所講已很多。宋明道學家所講尤多。我們常說宋明道學家是哲學家，但是嚴格地說，宋明道學家所講大部分不是哲學。他們講得最多者，是所謂「為學之方」。在有些方面，「為學之方」即是生活方法。關於生活方法，古人所講，雖已很多，但我們所講，亦有與古人不盡同之處，因此我們稱我們這部書為生活方法「新論」。

　　所謂新論之新，又在何處呢？這可以分幾點說。就第一點說，生活方法，必須是不違反道德的規律的（其所以，我們於以下第一篇另有詳說）。道德的規律，有些是隨着社會之有而有者，有些是隨着某種社會之有而有者。例如所謂五常，仁義禮智信，是隨着社會之有而有的道德。這一點我們於《新理學》中已經說過。如忠孝，照其原來的意義，是隨着以家為本位的社會之有而有的道德。這一點我們於《新事論》中已經說過。因在道德的規律上，有這些分別，

所以一個社會內的人的生活方法，一部分可以隨其社會所行的道德規律之變而變。一種社會內的人的生活方法與別種社會內的人的，可以不盡相同。不過這些分別，前人沒有看出，所以他們所講的生活方法，有些是在某種社會內生活的人的生活方法，而不是人的生活方法。現在我們打算講人的生活方法，所以與他們所講，有些不同。在這一點，新邏輯學與舊邏輯學的分別，亦可以作一個比喻。亞力士多德的邏輯學所講的，有些固然是邏輯的規律，但有些只是隨着希臘言語而有的命題形式。所以他所講的，有些不是真正的邏輯的規律。新邏輯學則超出各種言語的範圍而講純邏輯的規律。不過雖是如此，新邏輯學還是繼承舊邏輯學。我們的「新論」，在一方面雖與宋明道學家的「舊論」不同，但一方面亦是繼承宋明道學家的「舊論」。

就第二點說，宋明道學家所謂「為學之方」，完全是道德的，而我們所講的生活方法，則雖不違反道德的規律，而可以是非道德的。在以前的人的許多「講道德，說仁義」的話裡，我們可以看出來，他們所講所說者，大致可以分為三類。一類是：道德的規律，為任何社會所皆需要者，例如仁義禮智信等。一類是：道德的規律，

為某種社會所需要者，如忠孝等。另外一類是：不違反道德的規律的生活方法，如勤儉等。說這些生活方法，是不違反道德的規律的，是說，它雖不必積極地合乎道德的規律，但亦消極地不違反道德的規律。積極地合乎道德的規律者，是道德的；積極地違反道德的規律者，是不道德的；雖不積極地合乎道德的規律，而亦不積極地違反道德的規律者，是非道德的。用這些話說，這些生活方法，雖不違反道德的規律，但不一定是道德的。說它不一定是道德的，並不是說它是不道德的，而是說它是非道德的。

宋明道學家以為人的一舉一動，以及一思一念，都必須是道德的或不道德的。從前有些人用宋明道學家所謂工夫者，自立一「功過格」。一行動或是一思念，皆須判定其是道德的或不道德的。是道德的者是功，是不道德的者是過。有一功則於功過格上作一白圈，有一過則於功過格上作一黑點。人於初用此工夫時，每日所記，大概滿紙都是黑點，到後來則白圈漸多，而黑點漸少。這亦是個使人遷善改過的法子，不過其弊使人多至於板滯迂闊，不近人情。朱子《小學》謂柳公綽妻韓氏，家法嚴肅儉約，歸柳氏三年，無少長未嘗見其啟齒。韓氏固尚不知有宋明道學家所謂工夫，但朱子於《小

學》「善行」中舉此，則亦希望人有此「善行」也。朱子《小學》一書，自謂是個「做人的樣子」。其中所舉的「樣子」，全是道德的樣子。我們以為人的行為或思念，不一定都可分為是道德的或是不道德的。所以我們所講的生活方法，在有些方面，亦可以是非道德的。

　　就第三點說，宋明道學家所講，有些雖亦是人的生活所依照的規律，人的生活方法，但他們所講，若不與我們眼前所見的生活中的事連接起來，則在我們的心目中，就成了些死的教訓，沒有活的意義。因之他們所講的那些規律，那些方法，在我們心目中，就成了些似乎不能應用的公式。這種情形，可以說是向來即有的，不只現在如此。自宋明以來，當道學家中沒有大師，而只有念語錄，寫功過格的人的時候，這些人即只講些死的教訓，只講些似乎不能應用的公式。所以這些人常被人稱為迂腐。這兩個字的考語，加到這些人身上，實是最妥當不過的。他們只講些死的教訓，所以謂之腐；他們只講些似乎不能應用的公式，所以謂之迂。我們現在的生活環境，與宋明道學家所有者又大不相同。在我們的生活中，新事甚多。所以有些生活方法，雖已是宋明道學家所已講者，但我們必以眼前所見的事為例證，而予以新的說法。這種新的說法，即是所謂「新論」。

就第四點說，所謂生活方法，如其是生活方法，則必是每個人所本來即多少依照之者，這一點雖古人亦有見到者，但專念語錄，寫功過格的人，多板起面孔，以希聖希賢自居，好像他們是社會中特別的一種人，他們所做的事，是社會中特別的一種事。邵康節說：「聖人，人之至者也。」一個最完全的人，即是聖人，我們可以說，能完全照着生活方法生活下去的人，即是聖人。所以希聖希賢，亦是我們所主張者。不過學聖人並不是社會中一種特別的職業，天下亦沒有職業的聖人。這一點本亦是宋明道學家所主張者，不過他們的語錄中，有時不免有與此相反的空氣，而念語錄的人，更於社會中造成這種空氣。所以有些生活方法，雖為宋明道學家所已講者，但為掃除這種空氣起見，我們仍須予以新的說法。這新的說法，即是所謂「新論」。

就第五點說，佛家所謂聖人，是達到一種境界的人。此種的聖人，可以說是靜的。如佛像皆是閉目冥想，靜坐不動者。宋明道學家本來反對此種靜的聖人。他們的聖人，是要於生活中，即所謂人倫日用中成就者。不過他們於說聖人時，亦太注重於聖人所達到的一種境界，所以他們的聖人，亦可以說是靜的。他們注重所謂氣象。

朱子《〈論語〉注》引程子曰:「凡看《論語》非但欲理會文字,須要識得聖賢氣象。」朱子《近思錄・觀聖賢篇》引明道云:「仲尼,元氣也;顏子,春生也;孟子,并秋殺盡見。仲尼,天地也;顏子,和風慶雲也;孟子,泰山巖巖之氣象也。觀其言皆可見之矣。」這都是注重聖人所到之境界。因為他們所注重者,是最後的一種境界,故他們認為,一人在到此境界以前的活動都是「學」,都似乎是一種手段。《論語》「如有所立卓爾」,朱子《集注》引程子曰:「到此地位功夫尤難,直是峻絕,又大段着力不得。」宋明道學家所謂「學」,皆此所謂功夫也。所謂功夫者,即所以達某種地位之手段也。我們於此書說聖人時,我們所注意者,不是一種境界,而是一種生活。換句話說,凡是能完全照生活方法生活者,都是聖人。所以我們所謂聖人的意義是動的,不是靜的。我們所注重的是此種生活,此種生活是生活,不是「學」。此種生活的方法是生活方法,不是「為學之方」。

　　或可說:《論語》「如有所立卓爾」,朱子《集注》引吳氏曰:「所謂卓爾,亦在乎日用行事之間,非所謂窈冥昏默者。」對於程子所謂「大段着力不得」,朱子《語錄》云:「所以着力不得,像聖人

不勉而中，不思而得了。賢者若着力要不勉不思，便是思勉了。此所以說大段着力不得。今日勉之，明日勉之，勉而至於不勉。今日思之，明日思之，思而至於不思。自生而至熟。正如寫字一般，會寫的固是會，初寫的須學他寫。今日寫，明日寫，自生而至熟，自然寫得。」由此所說，則宋明道學家所謂聖人，正是能照生活方法生活者。所謂日用行事之間，正指日常生活說。照生活方法以生活，有生有熟，生者，須要相當的努力，始能照之生活。如此者謂之賢人。熟者不必用力而自然照之生活，如此者謂之聖人。我們如果常能照生活方法生活，自生至熟，熟則即到宋明道學家所謂聖人的地位矣。由此方面說，則宋明道學家所說為學之方，亦不見得與我們所謂生活方法有大不同處。

照我們的看法，照我們所謂生活方法生活下去，固亦可得到宋明道學家所說的某種熟生活，但我們生活下去是為生活而生活，並不是為某種的熟生活而生活。為某種熟生活而生活，則達到此目的以前的生活，皆成為「學」，皆成為手段。用我們的所謂生活方法而生活下去，雖亦可得到宋明道學家所謂某種的熟生活，但我們既為生活而生活，則在得到某種熟生活以前的生活，仍是生活，不是

學，不是手段。以寫字為例，我們寫字，寫得久了，自然由生而熟。但我們如為寫熟字而寫字，則能寫熟字以前的寫字，均是「學」，均是手段。我們如為寫字而寫字，則能寫熟字以前的寫字，亦是寫字，不是「學」，不是手段。因此我們所講的生活方法，又有與宋明道學家所講不同之處，所以我們所講，可謂為「新論」。

就上所述第一第二點說，我們的新論，如不夠新，則必失之拘。就上所述第三第四點說，我們的新論，如不夠新，則必失之迂，失之腐，或失之怪。拘，迂，腐，怪，是舊日講道學者，或行道學家的工夫者，所最易犯的毛病。為去除這些毛病，所以我們於許多舊論之外，要有「新論」。

現在常流行的，還有所謂修養方法一名。關於所謂修養方法，還有許多時論，我們於以下附帶論之。

我們常常聽人說，現在的青年需要一種青年修養方法。說這話的人，或許心中有一種見解，以為青年需要一種特別的修養方法，與老年中年不同者；或以為只青年特別地需要修養，至於老年中年，則均可不必；或以為現在的青年需要一種現在的修養方法，與舊時的修養方法不同者。從邏輯方面說，「現在的青年需要一種青年修

養方法」，這一句話，不必涵蘊這些「以為」，但說這一句話的人，或許有這些見解，聽這一句話的人，也往往不免有這些誤會。

這些「以為」，我們以為都是錯誤的。如果所謂修養方法即是我們於以上所說的生活方法，則從以上所說，即可知這些「以為」是錯誤的。因為我們於以上所說的生活方法是「生活」方法，凡生活的人都必須多少依照之，想求完全的生活的人，都必須完全依照之，不管他是個老年人或少年人，中國人或外國人，古人或今人。猶之邏輯學上所講的思想方法，凡思想的人都必須多少依照之，想有正確的思想的人，都必須完全依照之，不管他是一個老年人或少年人，中國人或外國人，古人或今人。

或有以為修養方法是一種手段，用之者於達到目的之後，即可以不再要它。譬如說，人須有做事的能力。欲有做事的能力，必須有如何如何的準備。這準備的方法即是所謂修養方法。如所謂修養方法是如此的意義，上所說諸「以為」是不是可通呢？我們以為還是不可通。

一個人如欲成為一個有做事能力的人，他必須有如何如何的準備，這如何如何的準備，不因要準備如何如何者是青年或老年而異。

如說青年可用一種特別方法，以求有做事的能力，而中年老年人，則需用另一種方法，這是不通的。這不通正如說，青年人可吃一種特別的食物，以求身體健康，而中年人老年人，則需吃另一種食物。這比喻還不確切，因為在有些情形下，老年人是需要一種食物，與青年人不同。一個人求健康的方法，需看他的生理狀況而決定，但求做事的能力的方法，則不因人的生理或心理狀況的不同而有異。假使一個人體弱，少做事是他的求健康的方法，但他如欲練習做事的能力，則少做事決不是一個準備的方法。練習做事的能力的方法，是不管一個人體弱體強的。這方法在基本上只有一個。無論用這方法的人是老是少，是強是弱，它總是它。

青年固然不見得都有做事的能力，但中年老年亦何嘗不是如此？有許多中年老年，雖比青年多吃了許多年飯，但是他們的做事能力，卻不見得比一般青年高多少。這些中年老年如果想要有做事的能力，當然亦需要用所謂修養方法。這個方法在基本上只有一個，如上所說。

還有一點我們要說者，所謂修養方法，雖可說是一種手段，但用之者即於達到目的後，仍須常要用它。我們所用以求得做事的能

力的方法，是時常要用而不是只於一時用者。在這一方面，所謂修養方法與求健康的方法相同。我們可用一種方法，以求健康，於健康既得之後，這種方法仍然繼續要用，以增進，至少是維持我們既得的健康。如其不然，既得的健康，便要失去。在歷史上有很多的人，在少壯有為的時候，在道德或事業方面，很有成就，但後來偶一疏忽懈怠，便立時成為道德上的罪人，或事業上的失敗者。例如唐玄宗在開元、天寶兩個時代，幾乎完全成為兩個人。在開元時代，他的政治，媲美貞觀，但到天寶時代，他幾乎成了個亡國之君。此正如一個人，先用一種方法，以求得健康，但既得健康之後，他抽大煙，吸白麵，當然他的身體是馬上就要糟糕的。

　　至於是否有一種現在修養方法，特別適合於現在的青年之用呢？我們以為這亦是沒有的。以做事的能力為例說，有做事能力的人，其主要的性質，無論古今中外，都是一樣的。求得這性質的方法，無論古今中外，亦都是一樣的。現在的世界，雖然在物質方面與古代有很多的不同。但人的做事的能力，就其主要性質說，是不變的。例如現在打仗用槍炮，古代打仗用弓箭。就這方面說，古今有很大的不同。但就打仗的人說，古代的軍人要眼明手快，現在的

軍人還是要眼明手快，或可說，更需要眼明手快。眼明手快是當軍人的成功的一個主要性質，古今中外無不如此。又例如現代的商業，其組織複雜，範圍廣大，與從前的商業大不相同。但經營商業的人，如其成功，必是個有信用的人。有信用是商人成功的一個主要性質。這亦是古今中外，無不如此。

我們又常聽見說：我們需要一種新人生觀。所謂修養方法，是否因人的人生觀的不同而有異？對於這個問題，我們說，如把修養方法當成一種手段看，則在不同的人生觀中，人所要求得的目的不同，因此其修養方法自然亦異。例如一個信佛法的和尚，其人生觀與我們不同，所以他們的修養方法，如出家吃齋、打坐參禪等，亦與我們的不同。不過這些方法，亦是不因青年、中年、老年而異。無論什麼人當了和尚，他都須吃齋念佛，打坐參禪，不管他的歲數是二十或是八十。

所謂修養方法，可隨人的人生觀不同而異。但我們於此所講的生活方法，則不隨人的人生觀的不同而異，因為我們所講的生活方法是「生活」方法，凡是生活的人都須用之。各種人生觀雖不同，而都是人「生」觀，不是人「死」觀。此即是說，無論人持何種人

生觀，在他未死的時候，他總是要生的。佛家雖以人生為苦而欲解脫，但在他未解脫之前，他還是要生的。既生即在生活中。既在生活中，還多少要用生活方法。所以我們所講的生活方法，是不隨人的人生觀的不同而異的。

關於我們所講的生活方法，現在人還有些別的誤會。我們於以下諸篇中，隨時論之。

# 第一篇 尊理性

我們於緒論中說，宋明道學家講得最多者，是所謂「為學之方」。他們以學聖人為為學之目的。朱子《近思錄》有「為學」一章，開始即引用濂溪說：「聖希天，賢希聖，士希賢。」「志伊尹之所志，學顏子之所學。」顏子之所學是什麼？程伊川有《顏子所好何學論》，說：顏子所好，即「學以至聖人之道」。

為什麼要為聖為賢呢？一個說法是：為聖為賢，可得到一種樂。宋明道學家以為孔子稱顏淵為好學，又說：「回也不改其樂。」程明道說：「昔受學於周茂叔，每令尋顏子仲尼樂處，所樂何事。」有人說：顏子之樂，是樂其所學。「樂是樂此學，學是學此樂。不樂不是學，不學不是樂。」我們承認在宋明道學家所說的「學」中，是可得到一種樂。但我們不能以此為人所以必須為聖為賢的理由。因為我們如以此為人所以必須為聖為賢的理由，則我們須有理論證明為聖為賢的樂，比普通人在別方面所得的樂更是可樂。雖有許多人作此等的證明，但其理論總不十分地圓滿。因為作此等證明須把兩種，或幾種不同的樂，作一比較，看其中哪一種是更可樂。這種比較若完全是量的比較，則須有一個公同的量的標準。例如此物是一斤重，彼物是二斤重，斤是在此方面的量的公同標準。但於比較

樂之量時，則沒有公同的標準可用。喝兩杯酒所得的樂不見得一定
比喝一杯酒所得的樂加倍，亦不見得一定不加倍，亦不見得一定不
止加倍。若所謂樂的比較不是量的比較，而是質的比較，則即質的
比較亦須有一公同的標準。若沒有一個公同的標準，我們很難說，
這一種樂比那一種更可樂。所謂更可樂或更不可樂，都是就一公同
的標準說，而此標準是沒有的，即使有亦是很不容易找到的。譬如
讀書是一種樂，喝酒亦是一種樂。究竟此二者中，哪一種更可樂，
是不容易比較的。有些人可說，如果好喝酒的人深知「讀書之樂樂
無窮」，他一定以為讀書的樂比飲酒的樂更可樂。但有些人亦可說，
如果好讀書的人深知「飲酒之樂樂無窮」，他一定以為飲酒的樂比
讀書的樂是更可樂。這二種說法，我們很難確切地說，或充分地證
明，哪一種一定是，哪一種一定非。因為在這個比較中，我們沒有
一個公同的標準。

　　宋明道學家雖說為聖賢及學聖賢是一種樂，但並不以此為人所
以必為聖賢或必學聖賢的理由。這是很有理由的。究竟人為什麼要
學聖賢呢？孟子於此點，有一較為形式的辯論。宋明道學家亦常用
之。照這個辯論的說法，人所以必要學聖賢，因為人必要「做人」。

　　我們現在常聽見有許多人說：「人要做人。」有許多人說，現在的教育，只教學生知識，不教學生「做人」。什麼叫「做人」，這些人並沒有說，至少是沒有說清楚。「做人」亦是宋明道學中的名詞。孟子有一句話說：「人之所以異於禽獸者幾希，庶民去之，君子存之。」人之所以異於禽獸者，即是人之所以為人者。一個人若照着人之所以為人，人之所以異於禽獸者去做，即是「做人」。若不照着人之所以異於禽獸者去做，而只照着人之所同於禽獸者去做，即不是「做人」，而是做禽獸了。此做字的意義，如「做父親」、「做兒子」、「做官」之做。是父或子的人，做父或子所應該做的事，即是做父親或做兒子。是人的人，做人所應該做的事，即是「做人」。是父或子的人，不做父或子所應該做的事，即是「父不父，子不子」。如是人的人，不做人所應該做的事，即是「人不人」。所謂「人不人」者，即是說一個人不是人。在中國話裡，我們罵人，常用「不是人」一語。這一語是有思想上的背景的。在別的言語裡，似乎沒有與此相當的一句話。美國人常用罵人的一句話，有「天殺的」一語，此一語亦是以一種信仰為背景的。

　　自另一方面說，是父或子的人，照着父或子所應該的去做，即

是父父子子。如人照着人所應該的去做，即是人人。人人之至者是
聖人。聖有「完全」的意思。一個人對於某種技能，如可認為已至
完全的程度，我們稱之為某聖。例如有人稱杜甫為詩聖。稱之為「詩
聖」者，言其對於「做詩」，已可認為達於完全的程度也。一個人
如對於「做人」，已可認為至完全的程度，則可稱為人聖，人聖即
是聖人。邵康節說：「聖人，人之至者也。」人人之至，即是人之至。
照着人之至去做，即是「學」。

「人之所以異於禽獸者」是什麼？我們常聽見西洋哲學家關於
此問題的各種說法。有些哲學家說：人是政治的動物。有些說：人
是理性的動物。有些說：人是有手的動物。有些說：人是能用工具
的動物。有些說：人是會笑的動物。孟子等所謂禽獸，即指人以外
的別的動物。理性的，有手的等，都是人之所以異於人以外的別的
動物者。動物的性質，加上人之所以異於人以外的別的動物的性質，
即是人的定義。照着人的定義去做，即是「做人」。

不過照以上所說的，人之所以異於禽獸者，有些是人不必努力
地照着做，而自然照着做的。人不必努力地有手而自然有手，人不
必努力地會笑而自然會笑。但有些則需人努力地照着做而始照着做。

例如對於是理性的及是政治的兩方面，人必須努力，然後可以成為完全地或近乎完全地理性的或政治的動物。對於人不必有意地照着做而自然照着做者，不發生照着做或不照着做的問題。對於需人努力地照着做而始照着做者，則有照着做或不照着做的問題。因有這個問題，所以這方面成為要「做人」的人的努力的對象。

亞力士多德說：人是政治的動物。此話現在人常引用，不過亞力士多德此話的原意，比現在有些人所瞭解者多得多。亞力士多德說：人是政治的動物，意謂人必在國家的組織中，才能實現人的「形式」。我們現在所謂國家，只有政治的意義，但亞力士多德所謂國家，其倫理的意義，比其政治的意義多得多。他說人是政治的動物，意實說：人是倫理的動物。孟子說：「聖人，人倫之至也。」他以為人之所以異於禽獸者，在於其有人倫。他說：「人逸居而無教，則近於禽獸。」教是什麼呢？即「父子有親，君臣有義，長幼有序，夫婦有別，朋友有信」。在這些方面均能達到完全的程度者，是聖人。孟子這種說法，與亞力士多德的說法，其主要點是相同的。

在此點孟子及亞力士多德所說，我們可以同意。不過我們雖仍可以說，「聖人，人倫之至也」，但我們以為，人倫不限於是舊說

中的五倫：君臣，父子，夫婦，兄弟，朋友。此五倫雖亦是人倫，但是某種社會的人倫，而不是社會的人倫。有社會必有人倫，但不必有某種人倫。蘇聯的人相稱為「同志」，同志亦是一倫，此一倫雖非舊說的五倫中所有，然亦是人倫也。在某種社會內的人，盡某種的人倫，即是聖人。用亞力士多德的意思說，人的要素，即在其是倫理的，能盡乎此要素者，即能盡乎人的形式。能盡乎人的形式者，即是聖人。

所謂理性有二義：就其一義說，是理性的者是道德的，就其另一義說，是理性的者是理智的。西洋倫理學家所說與欲望相對的理性，及宋明道學家所謂理欲衝突的理，均是道德的理性。西洋普通所說與情感相對的理性，及道家所謂以理化情的理，均是理智的理性。

說人是理性的動物，此「是理性的」，可以兼此二義。人之所以異於禽獸者，在其有道德的理性，有理智的理性。有道德的理性，所以他能有道德的活動。有理智的理性，所以他能有理智的（原作「底」）活動，及理智的活動。所以說人是理性的動物，可以包括人是政治的動物。所以我們於以下專就人是理性的動物說。

理智「底」活動，與理智「的」活動不同。理智底活動，是人

的活動受理智的指導者。理智的活動，是理智本身自己的活動。例如人見天陰而出門帶傘，是理智底活動。算算學題是理智的活動。理智底活動可以是與一個人的生活全體有關者，而理智的活動則只是人的各官能中的一官能的活動。

人之所以異於禽獸者，即在其是理性的，所以他能有文化，有了文化，人的生活才不只是天然界中的事實。《易傳》說：「有夫婦然後有父子，有父子然後有君臣，有君臣然後有上下，有上下然後禮義有所措。」禽獸，即人以外的別的動物。禽獸的生活，是天然界中的事實。它的生活，是本能的自然的活動，而不是理性的自覺的，有意的努力。它有天然界中的男女之交，而無文化界中的夫婦關係。它有天然界中的傳代生育，而無文化界中的父子關係。有些動物，如蜂蟻等，亦有社會的生活，所以朱子說蜂蟻亦有君臣。但它的社會的生活，亦是本能的自然的活動。它雖有社會的生活，而不自知它有社會的生活。它雖如此如此地生活，而不自知如此如此的生活的意義是什麼。所以它的君臣，亦不是文化界中的君臣關係。必有文化界中的夫婦等關係，「然後禮義有所措」。言必有此等關係，然後始有文化可說也。文化出於人的理性的活動。如社會

的組織，道德的規律等，出於人的道德的理性。科學技術等出於人的理智的理性。人之有文化，證明人是理性的動物。

　　或說，無論就理性的哪一義說，人不見得完全是理性的。若人都完全是理性的，則世界上應沒有不道德的人，亦沒有不聰明的人，但事實上這兩種人是很多的。於此，我們說：說人是理性的動物，並不是說人是完全地理性的動物。在實際的世界中，沒有完全的東西。說這個東西是方的，並不是說它是完全地方的；說這個東西是圓的，並不是說它是完全地圓的。在實際的世界中，沒有方的東西是完全地方，亦沒有圓的東西是完全地圓。這都是以絕對地方或圓為標準說。說人的「是理性的」是不完全的，亦是以絕對地「理性的」為標準說。就此標準說，人的「是理性的」當然是不完全的。

　　並且，人不但是人，而且是動物，是生物。他固然是「理性的」動物，但亦是理性的「動物」。他有一切動物所同有的，生理的心理的要求。而這些要求，在有些時候，不見得不與理性相衝突。人有時為其理性所統治，有時為一切動物所同有的某要求所統治。人雖有理性，而就其本來說，其行為不見得常完全為理性所統治。由此方面看，我們亦可以見人何以不是完全地理性的動物。

　　但就另一方面說，人雖都不是完全地理性的動物，但亦沒有人完全無理性，或完全是非理性的。沒有人能離開社會生活。人的生活都多少必須是社會的生活。社會的生活都多少必須是道德的生活。沒有完全不道德的人能有社會的生活者。這一點我們於上文緒論中已經證明，下文還要提及。無論我們贊成孟子的或荀子的對於人性的學說，我們都必須承認，個個人都能講道德，行道德。這個「能」即證明個個人都多少有道德的理性。

　　就道德的理性說是如此，就理智的理性說亦是如此。人的活動，大部分都是理智的活動。我看見天陰，知道或者要下雨，若於此時出門，我即帶傘。這是理智的活動。我上銀行取錢，與銀行算賬，更是理智的活動。一個完全不能有理智的活動的人，若沒有別人保護他，是不能生活的。理智的活動，對於人的生活，固然不必有如此密切的關係，亦或許有些人不能有理智的活動，但人皆有理智的活動，這一點即可證明人皆有理智的理性。

　　無論就理性的哪一義說，人都是理性的，而不完全是理性的。但完全地是理性的卻是人的最高的標準，所以人必自覺地，努力地，向此方面做。自覺地，努力地向此方面做，即是「做人」。

　　宋明道學家說人之所以異於禽獸者時，他們注重在人的道德方面。而我們說人之所以異於禽獸者時，我們不只注重在人的道德方面，而亦注重在人的理智方面。西洋人說人是理性動物時，他們注重人的理智的理性。我們說人是理性動物時，我們不只注重人的理智的理性，而亦注重人的道德的理性。宋明道學家所謂「人之至者」，是在道德方面完全的人，而我們所謂「人之至者」是在道德方面及理智方面完全的人。

　　我們所講的生活方法，注重人的道德的活動，亦注重其理智的活動。或可問：如此二者有衝突時，則將如何解決？於此，我們說，專就人的道德的活動及其理智的活動說，此二者有無衝突，雖是問題，但即令其可有衝突，但在我們所講的生活方法中，則不會有問題。因為我們所講的生活方法是不與道德的規律衝突的。我們所講的生活方法，雖可以是非道德的，而不會是不道德的。所以照我們所講的生活方法而生活的生活，不能是不道德的。在我們所講的生活方法內，不能有與道德活動衝突的活動。

　　我們所講的生活方法為什麼必是不與道德的規律衝突的？有沒有一種生活方法，是與道德的規律衝突的？如果一種生活方法，是

所有的人都用或都可用者，則此生活方法，必是不與道德的規律衝突的。因為道德的規律是社會組織所必需的。有了道德的規律，才能有社會。若果所有的人都打算不照着道德的規律生活，則即沒有了道德的規律。沒有了道德的規律，即沒有社會。沒有了社會，人即不能生活。不能所有的人，都不照着道德的規律生活，所以亦沒有與道德的規律衝突的生活方法，為所有的人都用或都可用者。我們所講的生活方法是所有的人都用或都可用者，所以必須是不與道德的規律衝突者。

　或可問：盜賊的行為是不道德的，但事實上很少的地方沒有盜賊。盜賊豈非是完全不照着道德的規律生活？盜賊豈非有其完全與道德規律衝突的生活方法？所謂盜亦有道者，其「道」正是其生活方法也。照我們的看法，盜賊亦是社會中的人，他亦須在社會內生活，因之他的盜賊的行為，雖與道德的規律衝突，而他的生活卻並非完全與道德的規律衝突。盜賊，只其偷人或劫人的行為，是與道德的規律衝突的。除此之外，其餘的生活，並不都是如此。例如，盜賊所偷來或劫來的東西，必要拿去當賣，得來的錢，必要拿去買米麵酒肉，這些都是社會的行為，都是不與道德的規律衝突的行為。

一個綁票的土匪，擄人勒贖，亦必「言而有信」。不然，以後即沒有人去贖票了。所謂「盜亦有道」，都是此類。此類的「道」亦是道德的。再從另一方面說，盜賊們亦自有其團體，其團體亦自是一社會。在其社會內，他們的道德的規律，往往更嚴。他們的生活，更須是與道德的規律不衝突的。

我們所要講的生活方法，雖其中有些不一定是道德的，但照我們所要講的生活方法而生活的生活，就其整個說，卻是道德的，至少不是不道德的。照我們所講的生活方法而生活的生活是道德的，亦是理智的。照以上所說，實際上沒有人的生活，不多少是道德的，亦是理智的。在道德方面，及理智方面均完全的人，即是聖人。照着聖人的標準「做」者，即是「做人」。

以上所說，是我們在此篇的主要的意思。還有一點，我們於此可附帶說及。在現在的時論中，頗有一些人，反對理性。他們以為中國人太尊重理性，所以遇事缺乏一種熱情。因為如此，所以中國人不能冒險，不能犧牲。因為做這些事，要靠一種衝動，用舊的說法，要靠一股氣。《兒女英雄傳》中說，十三妹要自殺，但一把沒摸着刀，她的氣即洩了，因為自殺，仗個乾脆。於此我們說，中國人不能做

冒險或犧牲的事，是不是事實，我們不論。我們於此只指出，有一種衝動或一股氣者，雖能做冒險或犧牲的事，但做冒險或犧牲的事，不必皆需要一種衝動或一股氣。此即是說，所謂衝動或一股氣，雖是做冒險或犧牲的事的充足條件，而卻不是其必要條件。人憑其道德的理性的命令，或理智的理性的判斷，亦可做冒險或犧牲的事。而如此做冒險或犧牲的事，是更合乎人之所以為人者，是更可貴的。舊說：「慷慨捐生易，從容就義難。」憑一種衝動或一股氣以犧牲者，即所謂慷慨捐生也。憑道德的理性的命令，或理智的理性的判斷以犧牲者，即所謂從容就義也。在中國過去及現在的歷史中，從容就義的人實在多得很。即在西洋歷史中說，如柏拉圖所描寫的蘇格拉底的死，亦是從容就義的極則。這些行為都是理性的行為，而不是只靠所謂熱情的衝動的行為。

或可說：這種行為，雖是可能而卻是難能的，不是人人皆能行的。於此，我們說：我們所說的生活方法，是求完全的生活所用的方法。完全的生活本來是難能的，但雖是難能的，我們卻必須以之為我們的生活的標準。

時論中還有舉別的理由，以反對理性者。但我們若瞭解上述的一點，則這些時論的錯誤，是不難看出的。

# 第二篇　行忠恕

「子曰：『參乎，吾道一以貫之。』曾子曰：『唯。』子出，門人問曰：『何謂也？』曾子曰：『夫子之道，忠恕而已矣。』」（《論語·里仁》）朱子《集注》說：「盡己之謂忠，推己之謂恕。……夫子之一理渾然而泛應曲當，譬則天地之至誠無息，而無物各得其所也。……蓋至誠無息者，道之體也。萬殊之所以一本也。萬物各得其所者，道之用也。一本之所以萬殊也。由此觀之，一以貫之之實可見矣。」照朱子的講法，有天地的忠恕，有聖人的忠恕，有學者的忠恕。《語錄》說：「天地是一個無心的忠恕，聖人是一個無為的忠恕，學者是一個着力的忠恕。學者之忠恕，方正定是忠恕。」

先就天地的忠恕說，照朱子的說法，天地之至誠無息，便是天地的忠；萬物各得其所，便是天地的恕。忠是道之體，恕是道之用。朱子《集注》引程子說：「維天之命，於穆不已，忠也；乾道變化，各正性命，恕也。」亦是就天地的忠恕說。朱子《集注》又引程子說：「忠者無妄，恕者所以行乎忠也。忠者體，恕者用，大本達道也。」照宋明道學家的看法，宇宙是一個道德的宇宙。它本身是道德的，沒有一點不道德的或非道德的成分在內。因此它是無妄。因其是無妄，所以是誠。《中庸》說：「誠者，天之道也。」周濂溪《通書》

亦說：「『大哉乾元，萬物資始』，誠之源也。『乾道變化，各正性命』，誠斯立焉。」此所謂誠亦是宇宙的誠，不是人的誠。程朱所說天地的忠，亦是無妄，亦是誠。從宇宙的忠，誠，無妄的「體」，發出來萬事萬物；這些萬事萬物的發出，即是天地的「恕」。恕是推己及人。萬物各得其所，似乎是天地的推己及人，所以說是天地的恕。宋明道學家以為宇宙的主動者是道德的理性，所以他們的形上學中多用道德學中的名詞。海格爾以為宇宙的主動者是理智的理性，所以他的形上學中多用邏輯學中的名詞。宋明道學家的形上學與道德學混。海格爾的形上學與邏輯學混。

　　就聖人的忠恕說，照朱子的講法，盡己之謂忠，推己之謂恕。朱子《語錄》說：「盡己只是盡自己之心，不要有一毫不盡。如為人謀一事，須直與他說，這事合做與否。若不合做，則直與說，這事決然不可為。不可說道，這事恐也不可做，或做也不妨，此便是不盡。」《語錄》又說：「聖人是因我這裡有那意思，便去及人。因我之飢寒，便見得天下之飢寒，自然恁地去及他。賢人以下，知道我是要恁地想人亦要恁地，而今不可不教他恁地，便是推己及物，只是爭個自然與不自然。」照朱子的說法，推己及人是恕，推己及人，

須盡自己之心是忠。如自己願吃飽，亦願別人吃飽是恕。如自己願吃十分飽，則亦願別人吃十分飽是忠。聖人由己自然及人，更不必有意地「推」，此是無為的忠恕。學者則須有意地推，此是着力的忠恕。然說及忠恕時，我們所着重者，正是有意地推。所以說：「學者之忠恕，才是正定的忠恕。」

我們於以下所講的，是朱子所謂學者的忠恕一類的。照我們的講法，忠恕一方面是實行道德的方法，一方面是一種普通「待人接物」的方法。

先說忠恕二字的意義。恕是「己所不欲，勿施於人」。這是《論語》上有明文的。所以對於恕字的意義，不必再有爭論。《論語》上雖常說忠，但究竟什麼是忠，則並未說明。《論語》上常有人「問仁」，「問孝」，但沒有人問忠。照朱子的講法，「推己及人」是恕，竭盡自己的心去及人是忠。照這一方面說，恕是主，忠是所以行乎恕者。但照朱子所謂天地的忠恕類推，則又似乎是：盡己以誠實無妄是忠，推己及人是恕。人必須先有誠實無妄之忠，然後可有推己及人之恕。照這一方面說，忠是主，恕是所以行乎忠者。無論從哪一方面說，忠恕俱不是平等的。他這種說法，是否合乎孔門的忠恕

的原意，我們現在不論。我們現在並不打算對於孔門所謂忠恕的原
意，作歷史的研究。朱子的說法，可以認為是他自己的一種說法。

照我們的看法，在朱子的這種說法裡，推己為恕，固然無問題，
但盡己為忠，似乎應該補充為：「盡己為人」為忠。若只盡己而不
為人，則不是普通所謂忠的意義。曾子說：「為人謀而不忠乎？」
盡自己的力量為人謀是忠，否則是不忠。但若為自己謀，則無論盡
己與否，俱不發生忠不忠的問題。我們現在說：人必須忠於職守。
一個人的職守，都是他為國家，為社會，或為他人，所做的事。對
於這些事可有忠或不忠的問題。但一人為他自己所做的事，則不是
職守，他對於做這些事，亦不發生忠或不忠的問題。譬如一個人替
銀行管錢。管錢是他的職守，管得好是忠於職守，管得不好是不忠
於職守。但如一個人管他自己的錢，則管錢不是職守，管得好或不
好，不發生忠或不忠的問題。所以照普通所謂忠的意義，我們必須
說「盡己為人」謂忠。

忠孝之忠，專指盡己以事君說。盡己事君，盡己為君辦事，是
忠，因事君或為君辦事，亦是為人辦事。在舊日的社會中，為君辦事，
是為人辦事中之最重要者，所以忠有時專指盡己以事君說。此忠即

忠孝之忠。關於此點，我們於《新事論・原忠孝》篇中，有詳細的討論。

怎麼樣才算是盡己為人呢？為人做事，必須如為自己做事一樣，方可算是盡己為人。人為他自己做事，沒有不盡心竭力的。他若為別人做事，亦如為他自己做事一樣地盡心竭力，他願意把他自己的一種事，做到怎樣，他為別人做一種事，亦做到怎樣，這便是盡己為人。

所以忠有照己之所欲以待人的意思。我們可以說：己之所欲，亦施於人，是忠。己所不欲，勿施於人，是恕。忠恕都是推己及人，不過忠是就推己及人的積極方面說，恕是就推己及人的消極方面說。

我們於以下再就忠恕是實行道德的方法說。此所說道德，是指仁說。仁是所謂五常之首，是諸德中的最重要的一德。孔子說：「夫仁者，己欲立而立人，己欲達而達人，能近取譬，可謂仁之方也已。」（《論語》）朱子《集注》說：「譬，喻也；方，術也。近取諸身，以己所欲，譬之他人，知其所欲，亦猶是也。然後推其所欲，以及於人，則恕之事，而仁之術也。」或問仁恕之別。朱子說：「凡己之欲，即以及人，不待推以譬彼而後施之者，仁也。以己之欲，譬

之於人，知其亦必欲此，而後施之者，恕也。此其從容勉強，固有淺深之不問，然其實皆不出乎常人一念之間。」朱子此所說恕，兼忠恕說。仁即是上文所說，聖人無為的忠恕。忠恕即是上文所說，學者着力的忠恕。如欲有無為的忠恕，則需從着力的忠恕下手。所以忠恕是「仁之方」，言其為行仁的方法也。

　　行仁的方法，統言之，即是推己及人；分言之，即是己之所欲，亦施於人，己所不欲，勿施於人。而此所說欲或不欲，即是平常人之欲或不欲，所謂「不出乎常人一念之間」。

　　孟子對於孔門的這一番意思，有很深的瞭解。齊宣王說「寡人有疾，寡人好色」，所以不能行仁政。孟子說：如果因你自己好色，你知天下人亦皆好色，因而行一種政治，使天下「內無怨女，外無曠夫」，這就是仁政。齊宣王又說「寡人有疾，寡人好貨」，所以不能行仁政。孟子說：如果因你自己好貨，你知天下人亦皆好貨，因而行一種政治，使天下之人，皆「居者有積倉，行者有裹糧」，這就是仁政。孟子這一番話，並不是敷衍齊宣王的話，所謂仁政，真正即是如此。孟子說：「古之人所以大過人者無他焉，善推其所為而已矣。」推即是推己及人，即是行忠恕。不待推而自然及人，

即是仁。不待推而自然及人，必須始自推己及人，所以忠恕是仁之方，是行仁的方法。

孔孟所講忠恕之道，專就人與人的關係說。再進一步說，人不僅是人，而且是社會上某種的人，他是父，是子，是夫，是婦。一個父所希望於他的子者，與他所希望於別人者不同。一個子所希望於他的父者，與他所希望於別人者亦不同。《大學》、《中庸》，更就這些方面講忠恕之道。《大學》說：「所惡於上，毋以使下。所惡於下，毋以事上。所惡於前，毋以先後。所惡於後，毋以從前。所惡於右，毋以交於左。所惡於左，毋以交於右。此之謂絜矩之道。」一個人在社會中，有一個地位。這個地位，有它的上下左右。他所惡於他的上者，亦必為其下所惡。既知為其下所惡，則即毋以此施於其下。此即是「己所不欲，勿施於人」。此即是恕。從另一方面說，一個人所希望於其上者，亦必為其下所希望。既知為其下所希望，則以此施於其下，此即是己之所欲，亦施於人，此即是忠。

《中庸》說：「《詩》云：『伐柯伐柯，其則不遠。』執柯以伐柯，睨而視之，猶以為遠。故君子以人治人，改而止，忠恕違道不遠，施諸己而不願，亦勿施於人。君子之道四，丘未能一焉，所

求乎子，以事父，未能也。所求乎臣，以事君，未能也。所求乎弟，以事兄，未能也。所求乎朋友，先施之，未能也。」一個人若不知何以事父，則只需問，在事父方面，其自己所希望於其子者是什麼。其所希望於其子者，即其父所希望於其自己者。他如以此事其父，一定不錯。此即是己之所欲，亦施於人。此即是忠。自另一方面說，在事父方面，一個人若不知他的父所不希望於他自己者是什麼，則只需問其自己所不希望於其子者是什麼。他如勿以此事其父，一定不錯。此即是己所不欲，勿施於人，此即是恕。在各種社會制度內，父子兄弟等所互相希望者不必同。但如此所說的忠恕之道，則總是可行的。

忠恕之道，是以一個人自己的欲或不欲為待人的標準。一個人對於別的事可有不知者，但他自己的欲或不欲，他不能不知。《論語》說：「能近取譬。」一個人的欲或不欲，對於他自己是最近的。譬者，是因此以知彼。我們說：地球的形狀，如一雞蛋。此即是一譬，此譬能使我們因雞蛋的形狀而知地球的形狀。一個人因他的自己的欲或不欲，而推知別人的欲或不欲，即是「能近取譬」。

孟子說：「權，然後知輕重；度，然後知長短。物皆然，心為甚。」

對於物之輕重長短，必有權度以為標準。對於別人的心，一個人亦有權度。這權度即是一個人的欲或不欲。一個人有某欲，他因此可推知別人亦有某欲。如此，他自己的某欲，即是個權，是個度。他知別人亦有某欲，則於滿足他自己的某欲時，他亦設法使別人亦滿足某欲，至少亦不妨礙別人滿足某欲。此即是推己及人，此即是「善推其所為」。

《大學》所謂「絜矩」，亦是這個意思。一個人的欲或不欲，譬如是個矩，「所惡於上，毋以使下」等，即是以自己的矩去度量別人。所以，「所惡於上，毋以使下」等，是絜矩之道。

《中庸》說執柯伐柯，其則不遠。一個人以他自己的欲或不欲去度量別人時，他自己的欲或不欲，即是個標準，即是個「則」。朱子《語錄》說：「常人責子，必欲其孝於我，然不知我之所以事父者曾孝否。以我責子之心，而反推己之所以事父，此便是則也。常人責臣，必欲其忠於我，然不知我之事君者盡忠否。以我責臣之心而反之於我，則其則在此矣。」一個人若何待人的「則」，便在他自己的心中。所以執柯伐柯，雖其則不遠，然猶須睨而視之，至於一個人若何待人之則，則更不必睨而視之。所以執柯伐柯之則，

猶是遠也。

忠恕之道的好處，即行忠恕之道者，其行為的標準，即在一個人的自己的心中，不必外求。猜枚是一種很方便的玩意，因為它所用的工具，即是人的五指。五指是人人有的，隨時皆可用。我們下棋需要棋子棋盤，打球需要球場球拍，這都是需要另外找的。猜枚所需要的五指，則不必另外找，所以行之最方便。行忠恕之道者，其行為的標準，亦不必另外找，所以是最容易行的。然真能行忠恕者，即真能實行仁，若推其成就至極，雖聖人亦不能過。所以忠恕之道，是一個徹上徹下的「道」。

有些人要在古聖先賢的教訓中求行為的標準。這些標準不如忠恕之道所說的切實合適。因為古聖先賢的教訓，不是說及一類的事，即是說及某一件事，如他們的教訓是說及某一類事者，則其所說，必是較寬泛的。一個人當前所遇見的事，雖亦可屬於某一類，但它總有它的特殊方面，為某一類所不能概括者。關於某一類的事的教訓，如適用於某一類中的某一事，則常使人感覺寬泛，不得要領。例如事親是一類事。事親須孝，這是盡人皆知的。但對於事親一類中的每一事，如只以須盡孝為其標準，則行此事者仍覺得無所捉摸。

他雖知盡孝是事親一類的事的標準，但對於這一類事中的每一事，仍不一定能知若何行方合乎此標準。這種寬泛的標準，從實際行為的觀點看，是沒有大用處的，是不切實的。

如古聖先賢的教訓是說及某一件事者，則其所說，必較切實，不寬泛。不過一個人如欲應用此教訓於當前的一件事，此當前的一件事必須與原來所說的一件事是一類者。雖是一類，然亦必有許多不同。於此一個人又常覺得古聖先賢關於某一件事的教訓，因說得太切實了，如適用之於當前的一件事，又不合適。

但如果一個人於事親的時候，對於每一事，他只需想他所希望於他的兒子者是如何，則當下即可得一行為的標準，而此標準對於此行為是切實的而又合適的。一個人於待朋友的時候，對於每一事他只需想，他所希望於朋友者是若何，則當下即可得一行為的標準，而此標準對於此行為，亦是切實的而又合適的。

又有人以為人有良知，遇事自然知其應如何辦。一個人的良知，自然能告他以任何行為的標準。此說亦以為，一個人如欲知任何行為的標準，不必外求。此說雖與忠恕之道之說同樣簡單，但不如其平易。因為良知說須有一種形上學為根據，而忠恕之道之說，則無

須有此種根據也。己之所欲,亦施於人;己所不欲,勿施於人。此
欲或不欲,正是一般人日常所有的欲或不欲,並無特別神秘之處。
所以忠恕之道,又是極其平易的。

　　以上是把忠恕之道作為一種實行道德的方法說。以下我們再把
忠恕之道作為一種普通「待人接物」的方法說。

　　在日常生活中,有許多事情,我們不知應該如何辦。此所謂應
該,並不是從道德方面說,而是從所謂人情方面說。普通常說人情
世故,似乎人情與世故,意義是一樣的。實則這兩個中間,很有不
同。《曲禮》說:「來而不往,非禮也。」一個人來看我,在普通
的情形中,我必須回看他。一個人送禮物與我,在普通的情形中,
我必回禮與他。這是人情。「匿怨而友其人」,一個人與我有怨,
但我因特別的原因,雖心中怨他,而仍在表面上與他為友。這是世
故。我們說一個人「世故很深」,即是說此人是個虛偽的人。所以「世
故很深」,是對於一個人的很壞的批評。我們說一個人「不通人情」,
即是說此人對於人與人的關係,一無所知。所以「不通人情」,亦
是對於一個人的很壞的批評。「不通人情」的人,我們亦常說他是「不
通世故」。這是一種客氣的說法。「不通世故」可以說是一個人的

一種長處，而「不通人情」則是人的一種很大的短處。

「來而不往，非禮也。」若專把來往當成一種禮看，則可令人感覺這是虛偽的空洞的儀式。但如我去看一個人，而此人不來看我，或我與他送禮，而他不與我送禮，或我請他吃飯，而他不請我吃飯，此人又不是我的師長，我的上司，在普通的情形中，我心中必感覺一種不快。因此我們可知，如我們以此待人，人必亦感覺不快。根據己所不欲，勿施於人的原則，我們不必「讀禮」而自然可知，「來而不往」，是不對的。

一個人對於別人做了某種事，而不知此事是否合乎人情，他只須問，如果別人對於他做了這種事，他心中感覺如何。如果他以為他心中將感覺快樂，則此種事即是合乎人情的；如果他以為他心中將感覺不快，則此種事即是不合乎人情的。

在某種情形下，一個人如不知對於別人做何種事方始合乎人情，他只須問他自己，在此種情形下，別人對於他做何種事，他心中方覺快樂。他以為可以使他心中感覺快樂者，即是合乎人情的；他以為可以使他心中感覺不快者，即是不合乎人情的。

在表面上，禮似乎是些武斷的、虛偽的儀式。但若究其究竟，

則它是根據於人情的。有些深通人情的人，根據於人情，定出些行
為的規矩，使人照着這些規矩去行，免得遇事思索。這是禮之本義。
就禮之本義說，禮是社會生活所必須有的。所以無論哪一個社會，
或哪一種社會，都須有禮。

　　但行禮的流弊，可以使人專無意識，無目的的，照着這些規矩
行，而完全不理會其所根據的人情。有些人把禮當成一套敷衍面子
的虛套，而不把它當成一種行忠恕之道的工具。如此則禮即真成了
空洞的虛偽的儀式。如此則通禮者即不是通人情而是通世故。民初
人攻擊禮及行禮的人，都完全由此方面立論。其實這是禮及行禮的
流弊，並不是禮及行禮的本義。民初人所要打倒的孔家店的人，亦
反對禮及行禮的這一種的流弊。《論語》說：「子夏問曰：『巧笑
倩兮，美目盼兮，素以為絢兮，何謂也？』子曰：『繪事後素。』曰：
『禮後乎？』子曰：『起予者，商也。始可與言詩已矣。』」朱子《集
注》說：「禮必以忠信為質，猶繪事必以粉素為先。」朱子《集注》
又引楊氏曰：「甘受和，白受采，忠信之人，可以學禮。苟無其質，
禮不虛行。」此即是說，必老實質樸的人，始能不以禮為空洞的虛
套而行之。所以必老實質樸的人始可以行禮。老實質樸的人行禮，

是以禮為行忠恕之道的工具而行之。如此的行禮是合乎人情。油滑虛偽的人行禮，是以禮為敷衍面子的虛套而行之。如此的行禮是「老於世故」。

一個主人請客，如某客沒有特別的原因，而不去赴會，則為失禮。專把這種事當成一種失禮看，則又可令人感覺，禮是一種虛偽的空洞的套子。但如一個人自做主人，遇見這種情形，他必心感不快。根據己所不欲，勿施於人的原則，他亦不必「讀禮」，即可知這種行為是不對的。

我住在一個地方，如有朋友來此，立刻來看我，我心裡感覺快樂，他如不來看我，或過許多天才來，我心裡即感覺不快。根據己之所欲，亦施於人的原則，我們如到一個地方，先看朋友，是禮，是合乎人情的行為。《孟子》說沈克到一個地方，過三天才去看孟子。孟子問他：何以不早來？沈克說：「館舍未定。」孟子說：「館舍定，而後始見長者乎？」沈克說：「克有罪。」沈克對於孟子的行為是失禮。專從失禮看，又不免令人感覺，禮是一種虛偽的空洞的套子。但從忠恕之道看，禮不是套子，禮是有根據於人情的。

或可說：講忠恕之道者，都以為人的欲惡是相同的。如人的欲

惡是不相同的，則此人之所欲，或為別人之所惡。如此人推其所欲，
施於別人，則別人適得其所惡，且不大糟？關於此點，我們說，凡
關於人的學問，都是以人的大致相同為出發點。生理學及醫學以為
人的生理是大致相同的。心理學以為人的心理是大致相同的。若在
這些方面，每人各絕不相同，則即不能有生理學、醫學及心理學。
孟子說：「口之於味也，有同嗜焉。」「目之於色也，有同美焉。」
如果人的口無同嗜，則即不能有易牙。如果人的目無同美，則即不
能有子都，更不能有美術。《孟子》說：「不知足而為屨，我知其
不為蕢也。」鞋店裡做鞋，雖不知將來穿鞋者之腳的確切的尺寸，
但他決不將鞋做成筐子。因為人的腳的確切的尺寸，雖各不相同，
然大致總差不多，所以鞋店裡人，雖不必量將來穿鞋者的腳，而他
所做的鞋，大致都可以有人穿。由此可見，人在許多方面，都是大
致相同的。講忠恕之道者以為人的欲惡大致相同，是不錯的。有一
故事說：某人做官，以長於恭維上司著稱。一日有新總督到任，此
人往接。新總督以不喜恭維著稱。此人的同官謂此人：新總督以不
喜恭維著稱，你還能恭維他嗎？此人說：有何不能？及總督到，見
眾官，即說：本人向不喜恭維，請大家勿以恭維之言進。此人即進曰：

「如大帥者,當今能有幾人?」新總督亦為之色喜。此故事頗可說明,人的欲惡是大致相同的。

　或可說:人既皆喜阿諛,則行忠恕之道者,亦必將因自己喜阿諛,而知人亦喜阿諛,因此見人無不阿諛。然阿諛何以有時又是不道德的行為,至少亦常是不高尚的行為?於此我們說:人都喜聽好話,這是事實。在相當範圍內,對於人說好話,使其聽着順耳,是行忠恕之道,是合乎人情的。我們於見人時所說的所謂「客氣話」,如「你好哇」,「你忙哇」,都是這一類的好話。於人結婚時,我們說:「百年好合。」於人慶壽時,我們說:「壽比南山。」於賀年片上,我們所說的吉祥語,都是這一類的好話。這些話可以使受之者心中快樂,而又於他無害,所以說這些好話是行忠恕之道,是合乎人情的。但如說好話超過相當的範圍,則聽之者或將因此而受害。受害是己所不欲者。己所不欲,勿施於人。所以不說過分的好話,亦是行忠恕之道,亦是合乎人情的。且見人說過分的好話者,其用心往往是對人別有所圖。所以有時是不道德的,至少亦常是不高尚的。所謂阿諛,正是指這種見人說過分的好話的行為而言,所以阿諛有時是不道德的,至少亦是不高尚的。

以上所說的忠恕之道，都是就在平常情形中人與人的關係說。若在特別的情形中，則忠恕之道有時似乎不可行，而實則仍是可行的。例如在平常情形中，我們對於朋友，須說相當的客氣話，好聽話，但有時對於朋友，須勸善規過，勸善規過的話，未必是朋友所愛聽的。如此看，則對於朋友的勸善規過，似乎不合忠恕之道。但這不合不過是表面上的。我們向來說：「良藥苦口而利於病，忠言逆耳而順於行。」忠言雖逆耳，而於受之者是有利的。有利是己之所欲。己之所欲，亦施於人，所以向人進忠言，亦是行忠恕之道，是合乎人情的。

又例如，如一人來約我做不道德的行為，我如拒絕，彼必不欲，如此則我亦將因行忠恕之道而從之乎？關於此點，我們說：如果一人所做的行為是不道德的，則其行為大概亦是不合忠恕之道者。他的行為不合忠恕之道，則我不從之，正是行忠恕之道也。例如一人做偷竊的行為，此行為是不合忠恕之道者，因此人雖偷人，而必不願人偷他。如此人約我同去偷竊而我不從之，我的理由是：我不願人偷我，所以我亦不偷人，這正是合乎忠恕之道。如此人是我的朋友，我不但不從之，且須設法使其亦不偷竊。此是「所求乎朋友，

先施之」。此亦正是忠恕之道。

我們有時且須幫助別人捕盜。我們於此時不能設想：假如我是賊，我不願別人來捕我，因此我亦不捕盜。我們不能如此設想，因為做賊根本上即是一種反乎忠恕之道的行為也。但我可想：我如被盜，我願別人來幫我捕盜。己之所欲，亦施於人。所以幫人捕盜，是合乎忠恕之道的。

這些都是比較容易看見的道理。尚有不十分容易看見者，下略述之。

人的欲惡雖大致相同，但如有許多可欲的事不能俱得，或許多可惡的事不能俱免，則須作選擇。此選擇可以因人不同。如孟子說：「魚，我所欲也；熊掌，亦我所欲也。二者不可得兼，捨魚而取熊掌者也。」孟子捨魚而取熊掌，但亦未嘗不可有人捨熊掌而取魚。館子裡菜單裡有許多菜，這些菜都是好吃的，但每個客人所點的，可以不同，或不盡同。在館子裡，主人有時請客人自己點菜，正是為此。主人可想：我好吃美味，客人亦好吃美味，所以請他下館子，但我自己所好的美味，不必即是客人所好的美味，所以請他自己點菜，這是不錯的。皆好美味，是人的大同；各有所好的美味，是人

的小異。

　　然因有此種情形,則忠恕之道,有時行之,似有困難。例如「所求乎子以事父」,我所求於我的子者及我的父所求於我者,可大同而小異。如我希望我的子上進,我的父亦希望我上進,這是大同。但假如我所謂上進,是就道德學問方面說,我的父所謂上進,是就富貴利達方面說,則我所希望於我的子者及我的父所希望於我者,其間不免有小異。如此,則我如以我所求乎子者以事父,未必即能得我的父的歡心。

　　在這些情形中,有些時候,大同中的小異是不相衝突的。例如一個人希望他的子以美味養他,他如行忠恕之道,他自亦須以美味養他的父。但他所好的美味是魚,而他的父所好的美味是雞。此父子二人所好不同,但其所好並不互相衝突。這一個人可以希望他的子予他魚,而他自己則予其父雞。這是沒有什麼困難的。但如大同中的小異,有衝突的時候,則即有困難發生了。例如一個人希望他的兒子在學問道德方面上進,他如以其所希望於其子者事父,則他自己亦須在學問道德方面上進,然如他的父所希望於他者,是在富貴利達方面上進,則在道德學問與富貴利達不能兼顧的時候,此人

即遇一問題：他或者為求得其父的歡心，而犧牲他自己的志願，或遂行他的志願，而不顧他的父的希望。於此情形中，忠恕之道，似乎是難行了。

對於這一類的情形，我們應該略其小異而觀其大同。如果一個人想着：他希望他的子上進，所以他亦須上進，以期勿負他的父的希望，他即是對於他的父行忠恕之道，雖此人所以為上進者，與其父所以為上進者，不必盡同。向來有孝子而不得其父的歡心者，其原因多由於此。在傳說中，舜是一最好的例。

本來以忠恕之道待人，在原則上人雖本可以得對方的滿意，而事實上卻不能必如此。因人之欲惡，有大同亦有小異。在有些時候，別人的欲惡，在其小異方面，我本不知之。所以「有不虞之譽，有求全之毀」。在有些時候，別人的欲惡，在其小異方面，我雖知之，而亦不必特意迎之。在普通交際中，特意迎合一人的欲惡的小異，則即是，或近於，奉迎諂媚。在普通人與人的關係中，我只需以己度人，而知其好惡的大同，不必曲揣人意，而注意於其好惡的小異。我只行忠恕之道，推己及人，至於人之果滿意與否，則不必問。此之謂「直道而事人」。

　　然若一人真行忠恕之道，使對方能知其所以待人者，實亦其所
希望人之待己者，則事實上對方對於此人的行為，雖一時因欲惡的
小異，或有不滿，但久亦必能原諒之。《論語》說：「晏平仲善與
人交，久而敬之。」晏平仲何以能使人久而敬之，《論語》雖未說，
不過人若真能以忠恕之道待人，雖一時或因不合乎別人的欲惡的小
異，而致其不滿，但久則終可因其合乎別人的欲惡的大同，而得其
原諒。行忠恕之道者，確可謂「善與人交，久而敬之」。

　　各種社會的制度不同，所以在一種社會內，某種人之所希望於
某另一種人者，與在另一種社會內，某種人之所希望於某另一種人
者，可以不同。例如在一種社會內，有君臣。在另一種社會內，則
可只有一般的上下而無君臣。君臣雖亦是上下，而是一種特別的上
下。譬如說「君要臣死，臣不得不死」等，只可對於君臣說，而不
可對一般的上下說。雖亦有人說，君臣一倫，即等於上下，然其實
是不相等的。君之所希望於臣者，一般的上不能希望於其下。又如
在以家為本位的社會中，兄之所希望於弟，或弟之所希望於兄者，
比在以社會為本位的社會中，兄弟所互相希望者，要大得多。在以
家為本位的社會中，父之所希望於子，及子之所希望於父者，比在

以社會為本位的社會中，父子所互相希望者，亦要大得多。如使父子兄弟均在一種社會內，這些分別，固然不成問題。但如一社會在所謂過渡時代中，由一種社會轉入另一種社會，一個父所處是一種社會，一個子所處是另一種社會。在現在中國，這些情形甚多，而且易見。有許多父是生長在以家為本位的社會之內，因之他所希望於其子者，可以甚多。而其子則生長於以社會為本位的社會之內，他所希望於他的子者，可以甚少。他如以他所求於子者事父，他的父必不滿意。我們所看見的，有許多家庭問題，大部分都是從此起的。而老年人所以常有「人心不古，世風日下」的感歎者，大部分亦是從此起的。

雖在這些情形中，「所求乎子以事父」，還是可行的。一個人所以事父者，如確乎是他所希望於其子者，他的事父，總可以得到他的父的原諒，至少總可以得到一般人的原諒。一個人所希望於別人者，及其所以待人者，有些是隨社會制度的變而變的。在這些方面，一個人所希望於別人者，及其所以待別人者，應該根據於同一種社會制度。這一點在普通的情形中，固不大成問題。但在一個所謂過渡時代中，往往有人，其所希望於人者，與其所以待別人者，

不根據於同一種社會制度。他的行為，一時取這一種社會制度所規定的辦法，一時取那一種社會制度所規定的辦法，而其所取，都是合乎他自己的私利的。例如一個人，對於許多事，皆不遵奉他的父的意旨，他以為是照着以社會為本位的社會制度的辦法辦的，但是對於他父的財產，則絲毫不放鬆。如果他是長子的時候，他還可以引經據典地證明，他可以獨得，或多得他父的財產。於是他的行為又是照着以家為本位的社會制度的辦法辦的。這種行為，是不合乎忠恕之道的。他如反躬自問，他自己決不願有這種兒子。一個人對於他的上司，不願行種種禮節，自以為是要廢除階級，實行平等。但他的下屬，若對於他不行種種禮節，他又不答應了。此人是不講忠恕之道的，他的行為是不合乎「所惡於下，毋以事上」的原則的。但一個人所希望於別人及其所以待別人者，皆一致地照着某種社會制度所規定的辦法辦，則我們雖或不贊成某種社會制度所規定的辦法，而對於此人在這些方面的行為，仍不能不說是合乎忠恕之道。

　　如一個人所希望於別人者，與其所以待別人者，一時取這一種社會制度所規定的辦法，一時取那一種社會制度所規定的辦法，而其所取，都是犧牲自己，而為別人的便利。這個人的這種行為，是

合乎忠恕之道的。因為「為別人便利，而犧牲自己」，亦是我所希望於別人者。所求於人者，先施之，是合乎忠恕之道的。我若有個兒子，雖不在與我同一種的社會之內，而仍照我所在的一種社會制度所規定的辦法以事我，我是更滿意的。因此我知，我若如此事我的父，我的父亦是更滿意的。

以上是就這種社會，那種社會說，以下再就這個社會，那個社會說。就某種社會說，與就某個社會說，有很大的分別。例如說資本主義的社會，社會主義的社會，是就這種社會，那種社會說，是就某種社會說。如說中國社會，西洋社會，是就這個社會，那個社會說，是就某個社會說。

這個社會與那個社會的禮，雖俱根據於人情，而可以不同。這是由於他們對於在某方面的人情的注重點不同。例如中國人宴客，如只一桌，主客坐在離主人最遠的地方。西洋人宴客，則主客坐在離主人最近的地方。這差異並不是這種社會與那種社會的差異，而是這個社會與那個社會的差異。此差異雖是差異，但均合乎忠恕之道。中國宴客的坐法，使客人高高在上，乃所以尊之也。尊之是主客願意受的。西洋宴客的坐法，使主客坐在主人旁邊，乃所以親之

也。親之亦是主客願意受的。我們待人或尊之，或親之，二者是不容易兼顧到的。所以說，父尊母親。所以待人或尊之，或親之，在不能兼顧的時候，二者必選其一。無論所選者為何，若使對方能瞭解其意，他都是要感覺快樂的。以為招待一社會的人必用其社會的一套禮，是錯誤的。

　　大概在西洋人的社會中，人待人是要親之，而在中國社會中，人待人是要尊之。於上所說者外，在許多別的方面，亦可見此點。例如中國人寫信，上款寫某某仁兄大人閣下。稱閣下者，不敢直斥其人也，此是尊之。西洋人寫信，上款稱親愛的某先生，直斥其人而又稱之為親愛的，此是親之。在中國舊日，一個皇帝的名是聖諱，此是尊之。而西洋人則直呼其君的名，此是親之。清末人說，中國尚文，西洋尚質。尚文者對於人以尊之為貴，尚質者對於人以親之為貴。雖有此不同，尊或親均是人所願受的。所以尊人或親人，俱是合乎忠恕之道的。

　　由上所說，我們可以知道，忠恕之道，是在任何時代，任何地方，都可以行的。范純仁說：「吾平生所學，得之忠恕二字，一生用之不盡。」此話是經驗之談，極有道理的。

# 第三篇　為無為

　　在中國哲學裡，無為二字有許多意義。照一個意義講，無為即是少為或寡為。如先秦的道家，在社會政治方面，主張「返樸還淳」，在個人生活方面，主張「少私寡欲」。此所謂無為均是這一意義的無為。人是動物，即「望文生義」，我們亦可知人不能免於動，動即是為。至少吃飯睡覺這一種的動，這一種的為，總是有的。人不能完全不動，即不能完全無為，所以這一意義的無為，即是少為或寡為。不曰少為或寡為而曰無為者，不過是有些人欲以這兩字的字面的意義，表示少為或寡為之極端的說法而已。

　　照另一意義講，無為即是率性而為，不有意地為。照道家的說法，萬物皆有所可，有所不可，有所能，有所不能。人亦是如此。人若照着他所能去為，即是不有意地為，率性而為。不有意地為，率性而為，即是無為。這一意義的無為，魏晉道家講得最清楚。照郭象《莊子注》的講法，一個天才詩人，雖寫千萬首詩，亦是無為。因為他寫詩是他的天才的自然發展，行乎其所不得不行，止乎其所不得不止，不是矯揉造作地要做詩。一個斗方名士，雖寫一首詩，亦是有為。因為他寫詩是矯揉造作地要寫詩。他矯揉造作地要寫詩，以求人家稱他為詩人，讚他為風雅。魏晉道家仍沿用先秦道家所謂

「返樸還淳」等語,不過他們所給與此等語的意義,則與先秦道家不同。一個天才詩人雖寫千萬首詩,亦是樸,不是文。一個斗方名士,雖只寫一首詩,亦是文,不是樸。

照另外又一意義講,無為即是因勢而為。一個人或一個社會,能隨着時勢走的,即是無為;不隨着或逆着時勢走的,即是有為。用現在的話說,隨着時代潮流走的是無為,不隨着或反着時代潮流走的,是有為。我們常說「順水推舟」及「水到渠成」。順着時勢走,如「順水推舟」,推舟的人是不費力的,所以是無為。不順着時勢或逆着時勢走,如「逆水行舟」,行舟的人是費力的,所以是有為。順着時勢走,如水到而渠自成,不必特意費力於造渠,所以是無為。不順着時勢走或逆着時勢走,如水已到而硬不讓其成渠,硬不讓是費力的,所以是有為。

照再另外的一意義講,無為即是順理而為。這一點《莊子・養生主》有很清楚的說法。《莊子・養生主》說,庖丁的刀,用了十九年,解了數千牛,「而刀刃若新發於硎」。牛身上有天然的腠理,即所謂天理。庖丁始學解牛的時候,他看不見這些天然的腠理,他只看見一個整個的牛。三年之後,他一見牛即見這些腠理,他所看

見的是一個渾身都是漏洞的牛，而不是一個整個的牛。於是他解牛，即從這些漏洞處下手，所謂「依乎天理，因其固然」。所以他雖解許多牛，而刀刃不傷。因為漏洞的地方，是「有間」，而刀刃是「無厚」，以無厚入有間，不費絲毫之力。他這解牛，即是依理而為。如此的為，可以不費絲毫之力，所以是無為。普通的庖人，於解牛之時，並看不見牛身上的漏洞，只看見一個整個的牛。牛對於他是渾然一體，所以他於解牛時，簡直不知如何下手。不知如何下手而又不得不下手，只得拿刀亂砍一陣，不是砍着骨，便是砍着筋，所以費力而刀亦吃虧。他解牛不是「依乎天理，因其固然」，即不是順理而為。他因此費力而刀亦吃虧。就其費力而刀亦吃虧說，他的為是有為。《莊子・達生》篇說：呂梁丈人善游水，其方法是「從水之道而不為私焉」。這亦是說順理而為。我們常說善游水者為精通水性。通水性則能順水性而游。能順水性者，不費力而游，其游是無為。不順水性者，費力而或不能游，其費力是有為。推到別的人事上，亦常有這種情形。有些人辦事，事一到手，即看出事的漏洞，不費力即將事解決。有些人辦事，只看見一堆事，而看不見漏洞，只見事橫在前，而無路可走。無路可走，而又不能不走，於是瞎闖

亂撞，費盡氣力而仍是走不動。俗語說：「會者不難，難者不會。」會者不難，是無為而為；難者不會，是有為而為不成。

照再另外一意義講，無為即是無為而無不為。先秦道家所講道的無為，是此意義的無為。道無為而任萬物之自為，所以他雖無為而實無不為。法家所說的無為，亦是此意義的無為。君無為而任臣下之自為，所以他亦雖無為而實無不為。

孔子雖說：「無為而治者，其舜也歟？」但此後儒家不說無為。以後儒家說：「正其誼不謀其利，明其道不計其功。」此話雖是董仲舒說的，比較晚出，但確可表示儒家對於「為」的態度。儒家對於「為」的態度，不是「無為」，而是「無所為而為」。如因一事是對於個人有利，或有功，而為之，則此為是有所為而為。利或功即是此為之所為。如因一事是應該為而為之，則此為是無所為而為。無所為而為，與無為不同。但一個人若真能無所為而為，則亦可以得到一種無為。宋明道學家所說的無為，即是屬於這一類的無為。宋明道學家，陸王一派說無為，是就心說。程明道說：「天道無心而成化，聖人有心而無為。」又說：「君子之學，莫若廓然而大公，物來而順應。」孟子說：「今人乍見孺子將入於井，皆有怵惕惻隱

之心，非所以納交於孺子之父母也，非所以要譽於鄉黨朋友也，非惡其聲而然也。」這一段話是宋明道學家所常引用的。用這一段所說的事作例。一個人乍見孺子將入於井，皆有怵惕惻隱之心。他所以如此，並不是要納交於孺子之父母等，並不是有所為。於此時他的心是廓然大公的，他的廓然大公的心，感覺到怵惕惻隱，即向前救此孺子。此即所謂物來順應。有惻隱之心，以及向前救此孺子，皆是無所為而為。如有所為而為，用宋明道學家的話，即是有私意，有私意，則此心即不是廓然大公的了。心不是廓然大公的，則其發出的行為，即不是「順應」，即有私意造作，有私意造作是有為，無私意造作是無為。

宋明道學家中，程朱一派說無為，是就理說。朱子說：「廓然大公，只是除卻私意，事物之來，順他道理應之。」又說：「至於聖人則順理而已，復何為哉？」此無為是就理說。照朱子的說法，就道德方面說，對於每一種事都有一個最好的，最妥當的辦法。此辦法即是理，照着理去辦是順理，順理是無為。若於順理外另有所為，即是有私意，有私意造作是有為，無私意造作是無為。此所說無為，與道家所說順理而為的無為，有相似處。

我們於本篇所要多講者,是無所為而為的無為。道家所說率性
而為的無為,實則亦是無所為而為的無為。不過道家所說率性而為
的無為,注重在興趣方面。而儒家,如宋明道學家,所說無所為而
為的無為,則注重在道德方面。我們於以下講無所為而為的無為,
亦從兩方面說,一方面從興趣說,一方面從道德說。以下先從興趣
方面,說無所為而為的無為。

小孩子的遊戲,最有無所為而為的精神。在遊戲中,小孩子做
某種事,完全由於他的興趣。他可以寫字,但他並非欲成一書家。
他可以畫畫,但他並非欲成一畫家。他更非欲以寫字或畫畫,得到
所謂「世間名利恭敬」。他寫字或畫畫,完全是無所為而為。他做
某種事,完全是乘興,他興來則做,興盡則止。所謂「行乎其所不
得不行,止乎其所不得不止」。他做某種事皆是順其自然,沒有矯
揉造作,所以他做某種事,是無所為而為,亦即是無為。

當小孩子時候的遊戲,是人的生活中的最快樂的一部分,道家
的理想的生活,即是這一類的生活。道家以為成人所以不能得到這
一類的生活者,乃因受社會中各種制度的束縛。我們若能打破此種
束縛,則此種生活即可得到。我們亦以為這種生活,是快樂的,亦

可以說是理想的生活，但社會各種制度的束縛，卻並不是容易打破者。這些束縛，不容易打破，並不是因為人的革命的勇氣不夠，而是因為有些社會制度是任何種的社會的存在，所必需的。若打破這些，即取消了社會的存在。社會若不能存在，人亦不能存在。此即是說，若沒有社會，人即不能生活，更說不到快樂的生活。道家以為，上所說無為的生活是快樂的，這是不錯的。道家又以為，人在社會中，因受社會制度的束縛，以致人不能完全有這種生活，這亦是不錯的。但道家因此即以為人可以完全不要社會制度，以求完全有這種生活，這是一種過於簡單的辦法，是不可行的。

照道家的說法，無論任何人總有他所感覺興趣的事。我們看見有些人，於閒暇時，什麼事都不做，而蒙頭大睡，或坐在那裡胡思亂想，似乎是對於什麼事都不感覺興趣。而實在是他對於蒙頭大睡，或胡思亂想，感覺很大的興趣。既然任何人對於有些事總感覺興趣，如果任何人都照着他的興趣去做，則任何人都過着最快樂的生活，「各得其所」，真是再好沒有的。或者可以問：如果人人都對於蒙頭大睡感覺興趣，如隨其興趣，則都蒙頭大睡去了，又有誰去做事呢？人人都不做事，豈不大家都要餓死？道家於此可答：決不會如

此的。有許多人對於蒙頭大睡,不感覺興趣,如叫他終日蒙頭大睡,他不但不以為樂,而且以為苦。這些人如沒有事做,反覺煩悶。所以有些人要「消閒」。所以要消閒者,即有些人有時感到閒得無聊不可耐,故須設法找點事做,將閒消去。忙人找閒,而閒人則找忙,所以雖任何人都隨着他的興趣去做,天下事仍都是有人做的。

這是一個極端的說法。照這個極端的說法,自然有行不通,不可行之處。有些事是顯然不容易使人感覺興趣的,如在礦井裡做工等。然而這些事還不能不有人做。在社會裡面,至少在有些時候,我們每人都須做些我們所不感覺興趣的事。這些事大概都是社會所必需的,所以我們對於它雖不感覺興趣,而亦必須做之。社會是我們的生存所必需的,所以我們對於社會,都有一種起碼的責任。這種起碼的責任,不見得是每個人所皆感覺興趣的。所以主張人皆隨其興趣去做的極端說法,如道家所說者,是不可行的。

不過這種說法,如不是極端的,則是可行的。這種說法,在相當範圍內,我們不能不說是真理。

在以前的社會制度裡,尤其是在以前的教育制度裡,人以為,人的興趣,只有極少數是正當的。在以前的教育制度裡,人所應讀

的所謂「正經書」，是很有限的。五經四書是大家所公認的「正經書」。除此之外，學舉業者，再加讀詩賦八股文，講道學者，再加讀宋明儒語錄。此外所有小說詞曲等，均以為是「閒書」。看閒書是沒出息的事，至於作閒書更是沒有出息的事了。在以前的社會制度裡，尤其是在以前的教育制度裡，人以為，人的興趣，多數不是「正當的」。因此有多少人不能隨着他的興趣去做，以致他的才不能發展。因此不知壓抑埋沒了多少天才，這是不必諱言的。

　　說到此，我們須對於才有所說明。與才相對者是學。一個人無論在哪一方面的成就，都靠才與學兩方面。才是天授，學是人力。比如一個能吃酒的人，能多吃而不醉。其所以能如此者，一方面是因為他的生理方面有一種特殊的情形，又一方面是因為他常常吃酒，在生理方面，養成一種習慣。前者是他的才，是天授；後者是他的學，是人力。一個在某方面沒有才的人，壓根不能在某方面有所成就，無論如何用力學，總是徒勞無功。反之，在某方面有才的人，則「一出手便不同」。他雖亦須加上學力，方能有所成就，但他於學時，是「一點即破」。他雖亦用力，但此用力對於他是有興趣的。此用力對於他不是一種苦事，而是一種樂事。例如學做詩，舊說：

「酒有別腸」，「詩有別才」。此即是說，吃酒做詩，都靠天生的才，不是僅靠學的。我們看見有些人壓根不能做詩。他可以寫出許多五個字或七個字的句子，平仄韻腳都不錯，他可以學新詩人寫出許多短行，但這些句子或短行，可以一點詩味都沒有。這些人即是沒有詩才的人，他無論怎樣學詩，我們可以武斷地說，他是一定不能成功的。另外有些人，初學做詩，寫出的句子，平仄韻腳都不合，而卻詩味盎然。這些人是有詩才的人，他有希望可以成為詩人。

一個人必須在某方面有才，然後他在某方面的學，方不至於白費。一個人在某方面的學，只能完成他在某方面的才，而不能於他原有的才上，有所增加。一個有詩才的人，初學做詩時，即有些好句，這是他的才的表現。普通以為於此人學成的時候，他必可以做更好的句。其實這是不對的。他學成時，實亦只能做這樣的好句。所差別的是：在他初學的時候，他所做的詩，有好句，卻亦有極不好，或極不通的句。在他學成的時候，他所做的好句，雖亦不過是那麼好，但卻無極不好，或極不通的句。他所做的所有的句，雖不能是都好，但與好句放在一起，卻都可以過得去。有好句是他的才的表現，好句以外的別的句，都可以過得去，是他的學的表現。他的學

可以使他的所有句子都過得去，這是他的學能完成他的才；他的學不能使他的好句更好，這是他的學不能使他的才有所增益。所謂神童，不見得以後皆能有所成就者，即因他的以後的學，不能使其才有所增加。他於童時所表現的才，與童子比，雖可稱為高，但以後若不能增益，則與成人比，或即是普通不足為奇的。

一個人在某方面的才，有大小的不同。「世間才有一石，曹子建獨得八斗」，此是說，曹子建在文學方面，有很大的才。在某方面有很大的才者，我們稱之為某方面的天才，如文學的天才，音樂的天才，軍事的天才等。

道家重視人的才，以為只要人在某方面有才，即可以不必學，而自然能在某方面有所成就。不學而自能，即所謂無為。道家這種看法，是不對的。我們承認，人必在某方面有才，始能於某方面有成就。但不承認，人只在某方面有才，即可在某方面有成就。人在某方面有才，是他在某方面有成就的必要條件，而不是其充足條件。例如一個在做詩方面質美而未學的人，雖可以寫出些好句，但他所寫的別的句，卻有極不好或極不通的。他仍是不能成為詩人。凡能在某方面有成就的人，都是在某方面有才又有學的人。其成就愈大，

其所需的才愈大，學愈深。

　　在某方面有才的人，對於某方面的事必感覺興趣。因此他的學是隨着他的興趣而有的。他的學是隨着他的興趣而有，所以他求學是無所為而為的。他對於他的學，雖用力而可只覺其樂，不覺其苦，所以他雖用力地學，而亦可說是無為。

　　才是天生的，所以亦可謂之為性。人的興趣之所在，即其才之所在，亦即普通所謂「性之所近」。人隨他的興趣去做，即是發展其才，亦即是道家所謂率性而行。若一個人對於某方面的事，本不感覺興趣，或甚感覺無興趣，但因別的原因，而偏要做此方面的事，此即不是率性而行，是矯揉造作。例如一個人做詩，本不感覺興趣，或甚感覺無興趣，但因羨慕別人因做詩而得名譽或富貴，所以亦欲學做詩，要當詩人。其學詩即不是率性而行，是矯揉造作。他因羨慕詩人之可得名譽或富貴而做詩，所以他做詩是有所為而為。他做詩是矯揉造作，所以他做詩是有為。

　　或可問：一個人對於某一事雖有興趣，雖有才，而其才若不甚高，所以他雖隨着他的興趣去做，而不能有很大的成就，不能成一什麼家，則將如何？於此，我們可以說，凡做一某事，而必期其一

定有大成就，必期其成一什麼家者，仍是有所為而為也。一個人若真是專隨其興趣去做，則只感覺其所做者有興趣，而並不計其他。他做到哪裡算哪裡，至於其所做如何始為很大的成就，如何始可成為什麼家，他是不暇問的。譬如我們吃飯，直是不得不吃耳，至於飯之吃下去如何於身體有益，則吃飯時不暇問也。我們常看見有許多什麼「迷」，如「棋迷」、「戲迷」等。棋迷為下棋而下棋，戲迷為唱戲而唱戲，他們對於下棋或唱戲，並不預存一為國手或名角的心；他們的下棋或唱戲，是隨着他們的興趣去做的。他們的下棋或唱戲，是無所為而為。他們對於下棋或唱戲，雖刻苦用功，然亦只覺其樂，不覺其苦，故亦是無為。凡人真能隨其興趣去做者，皆是如此。他們隨着他們的興趣做下去，固然可以有成就，可以成為什麼家，但這些對於他們只是一種副產；他們並不是為這些而始做某種事的。

　　所謂什麼家的尊號，是表示社會對於一人在某方面的成就的承認。例如一個人在化學方面做了些工作，如社會認其為有成就，則稱之為化學家。所以凡必期為什麼家者，推其故，仍是欲求社會上的榮譽。為求社會上的榮譽而做某種事者，其初心即不是從興趣出

發，其做某種事即是有所為而為，其對於某種事所用的工夫，對於他即是苦痛，即是有為。

或可問：一個人的興趣，可以與他的成就不一致。例如一個大政治家，可以好音樂圖畫等。就其成為大政治家說，他的才是在政治方面見長的。但他的興趣，又在於音樂圖畫，是其興趣與其才，並不是一致的。關於這一點，我們可以說，有些人的才是一方面的，有些人的才，則是多方面的。一個人是大政治家而又好音樂圖畫，此可見，他在政治方面及藝術方面均有才。因為有些人的才是多方面的，所以他一生所好的事物，可以隨時不同，如一人於幼年時好音樂圖畫，及壯年又好政治。蓋人在各方面的才，有些於其一生中某一時期表現，有些於其一生中另一時期表現。他在某一方面的才，在其一生中某一時期表現，他即於某一時期，對於某種事物，感覺興趣。

或可問：如果一個人的興趣，可以隨時變動，如果他又專做他所感覺興趣的事，則他所做的事，豈非需要常變？如果他所做的事需要常變，則他對於他所做的事，恐怕都不能有所成就。於此點，我們說：凡做什麼而期其必有成就者，即是有所為而為，即不是率

性而行。率性而行者，對於其所做之事，雖可有成就，但不期其有成就，更不期其必有成就。此點我們於上文已說。

在道家所說的理想的生活中，一個人只做他所感覺有興趣的事。在道家所說的理想的社會裡，所有的人都只做他所感覺有興趣的事。如果這種生活，這種社會，事實上可以得到，這誠然是最理想的。不過這種生活，這種社會，事實上不是可以完全得到的。其理由有幾點可說。就第一點說，在一個人的生活中，有些事在根本上只是一種工具，為人所用以達到某種目的者，其本身是不能使人感覺興趣的。人做這些事，只能是有所為而為，不能是無所為而為。例如吃藥。沒有人無所為而吃藥，但吃藥亦是人生中所不能免者。就第二點說，每一社會中的人，必對於其社會負相當的責任，必於相當範圍內，分擔社會的事，至少亦應該於相當範圍內，分擔社會的事。沒有人能生存於社會之外。所以沒有人能不，或應該不，於相當範圍內，分擔社會的事。對於此等事，有些人固亦感覺興趣，但亦有些人不感覺興趣，或甚感覺無興趣。不過對於這些事，有些人雖不感覺興趣，或甚感覺無興趣，而亦不能不做，亦不應該不做。就第三點說，有些人所感覺興趣的事，有些是為社會所不能不加以

限制的。社會對於這些事,若不加以限制,則必與別人發生衝突。因此有些人對於這些事,雖有很大的興趣,而不能做,或不能充分隨意地做。因以上諸點,所以道家的理想的生活,理想的社會,事實是不能完全得到的,至少是很不容易完全得到的。

這種生活,這種社會,雖不能完全得到,或不容易完全得到,但我們卻不能不承認這是合乎我們的理想的。在我們生活中,我們所做的事,其無所為而為者越多,我們的生活即越近乎理想。在我們的社會中,一般人所做的事,其無所為而為者越多,則其社會即越近乎理想。

以上所說由無所為而為而得的無為,是就興趣方面說,所說大部分是道家的意思。以下再就道德方面說,由無所為而為而得的無為,所說大部分是儒家的意思。

道家與儒家都說,人做事要無所為而為。這一點是道家與儒家之所同。不過道家說無所為而為,是就興趣方面說,儒家則是就道德方面說。此是道家與儒家之所異。《論語》載有子路與隱者荷蓧丈人一段談話。荷蓧丈人為什麼要隱,我們雖不清楚,不過他很可以說,因為他對於政治不發生興趣,所以他不「仕」。子路卻完全

不從興趣方面講。他說：「君子之仕也，行其義也；道之不行，已知之矣。」他說：君子要仕，因為他以為君臣大倫是不可廢的，所以應該仕，並不是因為他的興趣在於仕，亦不是因為他以為仕了一定有什麼成功。我們現在亦有些所謂消極分子者，他們常說，他們對於社會上政治上的事，不發生興趣，所以不管社會上政治上的事。但所謂積極分子者則可說：我們對於社會上政治上的事，亦不見得有興趣，不過因為我們以為這是我們應該管的，所以我們不能不管。這種說法，即是儒家的說法。因應該為而為某事，此為亦是無所為而為。此為亦是一直做去，只管應該為不應該為，而不計其他。所謂「正其誼不謀其利，明其道不計其功」，正說此義。

　　說到此，我們必須注意，一個個人及一個國家，是不在一個層次之內的，所以無所為而為，只可對於個人說，而不可對於國家說。國家並不是一個生物，對於任何事物，我們並不能真正地，嚴格地，說它感覺興趣或不感覺興趣。它不能隨其興趣而無所為而為。在國家以上，並沒有更高的社會組織，它對於什麼事，亦無所謂應該為或不應該為。所以它亦不能在道德方面無所為而為。國家的行為，都是有所為而為，在這一方面說，它的行為都是有為。雖然在別的

方面說，它的行為亦可是無為，如它可少為或寡為，可因勢而為，順理而為等。

因為有如此的分別，所以一個人的謀國，與他的自謀，必須用完全不相同的看法，用完全不相同的精神。一個人做事，可以只問事應該做或不應該做，應該做即做，不應該做即不做，不必計較他自己是將因做此事或不做此事而得利或受害。他只問應該做不應該做，不計較利害，此即是無所為而為。但一個人謀國，對於一個關係國家的事，卻須要問此事是於國家有利或有害。關係國家的事，所謂應該做不應該做，實即是有利或有害的別一種說法。一國的行為，完全是趨利避害，完全計較利害，所以其為皆是有所為而為。諸葛亮《出師表》說：「漢賊不兩立，王業不偏安。」所以要伐魏，至於其結果，則「成敗利鈍，非所逆睹」。他的謀國，似乎是只問應該不應該，不計較利害。但他所以冒此險者，乃因他看清偏安是沒有出路的。戰亦亡，不戰亦亡，所謂與其「坐而待亡，孰與伐之」。所以他的謀國，亦是純從利害方面着眼的。

這一點人常弄不清，所以常有些混亂的言論。例如關於現在的戰爭，有些人常說人有人格，國有「國格」，我們受了侮辱，不抵

抗即失了「國格」。我們抵抗為的是爭國格。又有些人常用「寧為玉碎，不為瓦全」等話，說我們應該抗戰。其實這些話，都只對於個人可以說，而對於國家不可以說。我們的抗戰，實在是我們權衡利害的結果，並不是為爭什麼「國格」。我們寧願玉碎，實在因為我們知道，沒有可以瓦全之道。

關於所謂義利之辨，昔人常有些不必要的辯論。這亦是由於他們對於這一點弄不清楚之故。例如：「孟子見梁惠王，王曰：『叟，不遠千里而來，亦將有以利吾國乎？』孟子曰：『王何必曰利，亦有仁義而已矣。』」孟子與梁惠王講了許多仁政，其中有一大部分是關於現在所謂經濟方面者。有些人說，這不是講利嗎？為什麼孟子只許他自己講利，而不許梁惠王講利呢？於此點我們說：孟子所以不許梁惠王講利者，因為梁惠王講利是自謀。孟子說：「王曰：『何以利吾國。』大夫曰：『何以利吾家。』士庶人曰：『何以利吾身。』上下交徵利，而國危矣。」這樣的講利是自謀。至於孟子講利，則是謀國。一個人專求國家的利，他的行為是義的行為。求國家的利，對於國家是利，但對於個人，則是義不是利。專就這一方面說，墨家「義，利也」之說，儒家是亦承認的。《易‧文言》說：「利者，

義之和也。」亦是就利的此方面說。

　　就一個人說,他做事應該只問其是否應該做,而不計較其個人的利害,亦不必計較其事的可能的成敗。此即是無所為而為。若做事常計較個人的利害,計較其事的可能的成敗,即是有所為而為。有所為而為者,於其所為未得到之時,常恐怕其得不到,恐怕是痛苦的;於其所為決定不能得到之時,他感覺失望,失望是痛苦的;於其所為既得到之後,他又常憂慮其失去,憂慮亦是痛苦的。所謂患得患失,正是說這種痛苦。但對於事無所為而為者,則可免去這種痛苦。孔子說:「君子坦蕩蕩,小人常慼慼。」君子對於事無所為而為,沒有患得患失的痛苦,所以坦蕩蕩;小人有所為而為,有患得患失的痛苦,所以常慼慼。

　　坦蕩蕩有直率空闊的意味。君子做事,乃因其應該做而做之,成敗利害,均所不計較。所以他的氣概是一往直前的,他的心境是空闊無沾滯的。所謂胸懷灑落者,即是指此種心境說。就其一往直前及其心境空闊無沾滯說,他的為是無為。慼慼有畏縮,勉強,委曲不舒展的意味。小人做事,專注意於計較成敗利害,所以他的氣概是畏縮勉強的,他的心境是委曲不舒展的。就其畏縮勉強及其心

境委曲不舒展說，他的為是有為。

我們說：一個人對於做某事不必計較成敗，並不包含說，一個人對於做某事，不必細心計劃，認真去做。對於做某事，一個人仍須細心計劃，認真去做，不過對於成功，不必預為期望，對於失敗，不必預為憂慮而已。事實上對於成功預期過甚者，往往反不能成功；對於失敗憂慮過甚者，往往反致失敗。不常寫字的人，若送一把扇子叫他寫，他寫得一定比平常壞。這就是因為預期成功、憂慮失敗過甚的緣故。《莊子‧達生》篇說：「以瓦注者巧，以鉤注者憚，以黃金注者惛。其巧一也，而有所矜，則重外也。凡外重者內拙。」有所為而為者，所重正是在外。無所為而為者，所重正是在內。

一個人一生中所做的事，大概可以分為兩部分。一部分是他所願意做者，一部分是他所應該做者。合乎他的興趣者，是他所願意做者；由於他的義務者，是他所應該做者。道家講無所為而為，是就一個人所願意做的事說。儒家講無所為而為，是就一個人所應該做的事說。道家以為，人只須做他所願意做的事，這在事實上是不可能的。儒家以為，人只應該做他所應該做的事，這在心理上是過於嚴肅的。我們必須將道家在這一方面所講的道理，及儒家在這一

第三篇

**為**

**無**

**為**

方面所講的道理，合而行之，然後可以得一個整個的無所為而為的人生，一個在這方面是無為的人生。

# 第四篇　道中庸

　　孔子曰：「中庸之為德也，其至矣乎，民鮮久矣。」朱子《集注》說：「中者，無過不及之名也。庸，平常也。」中庸兩個字，以及孔子朱子這幾句話，在現在有些人的心目中，是非常迂腐可厭的，不過這些人大概皆未瞭解所謂中庸的本義。固然舊日自號為行中庸之道者，亦未見得盡能瞭解中庸的本義，因之他們的行為，或有可批評之處，但這與中庸之道的本身之無可批評並沒有關係。

　　有一部分誤會「中」的本義的人以為，「中」即是不徹的。譬如一事有十成，用「中」的人，做這個事，大概只做五成，若做四成，即為不及；若做六成，即為太過。所以照這一部分人的看法，用「中」的人做事只做五成。所謂「適可而止」，「不為已甚」，都是表示不徹底的意思。這些人說，中國人做事不徹底，都是吃了儒家教人用「中」的虧。我們於此可以說，中國人是不是都做事不徹底，我們於此不論。不過即使中國人做事都不徹底，或有些中國人做事不徹底，他們至多亦是吃了誤解儒家教人用「中」的虧，而不是吃了儒家教人用「中」的虧。因為照「中」的本義，「中」並沒有不徹底的意思。

　　一部分誤解「中」的本義的人，又以為「中」有模稜兩可的意

思。譬如對於某事有兩種相反的意見，用「中」的人，一定以為這兩種意見都對也都不對。他把兩方面的意見，先都打個對折，然後參酌兩方面的意見，而立一個第三意見。所謂「執兩用中」，即是謂此。所謂「折中」，亦是謂此。這一部分人說，中國人好模稜兩可，「兩面討好」，都是中了儒家教人用「中」的毒。我們於此還是說，中國人是不是都好模稜兩可，「兩面討好」，我們不論。不過即使中國人都是如此，或有些中國人是如此，他們亦是中了誤解儒家教人用「中」的毒，而不是中了儒家教人用「中」的毒。因為照「中」的本義，「中」並沒有模稜兩可的意思。

　　有一部分誤解「庸」的本義的人，以為「庸」即是庸碌的意思。這一部分人以為儒家教人行庸道，是叫人都成為庸庸碌碌，不敢有所作為的人，凡事「不求有功，只求無過」。與其「畫虎不成反類狗」，不如「刻鵠不成尚類鶩」。這一部分人以為中國人之所以缺乏進取冒險、敢作敢為的精神，都是吃了儒家教人行庸道的虧。中國人是否都缺乏進取冒險、敢作敢為的精神，我們不論。不過如果中國人都缺乏這種精神，或有些人缺乏這種精神，他們亦是吃了誤解儒家教人行庸道的虧，而不是吃了儒家教人行庸道的虧，因為照

「庸」的本義，「庸」並沒有庸碌的意思。

有一部分誤解「庸」的本義的人，以為「庸」即是庸俗的意思。關於藝術方面的創作或鑒賞，是所謂雅事。行庸道的人多以為這些雅事為「雕蟲小技」，做這些雅事為「玩物喪志」。他們所做的事，或所認為應該做的事，往高處說，不過只是些「倫常日用」；往低處說，簡直都是些「柴米油鹽」。有些人說，中國人都俗，不如西洋人之每人都會唱幾句歌，又不如西洋人之每家都有鋼琴。中國人之所以都俗，都是中了儒家教人行庸道的毒。中國人是不是都俗，我們亦不論。不過即使中國人都俗，或有些中國人俗，他們亦是中了誤解儒家教人行庸道的毒，而不是中了儒家教人行庸道的毒。因為照「庸」的本義，「庸」並沒有俗的意思。

在誤解中庸之道的人的心目中，所謂行中庸之道的人，都是些做事不徹底，遇事模稜兩可，庸碌無能，俗而不堪的人物。他們以為這種人物正是儒家的理想人物，其實這以為是大錯的。這種人物不但不是儒家的理想人物，而且是儒家所最痛恨的人物。這種人正是儒家所謂鄉愿。孔子曰：「過我門而不入我室，我不憾焉者，其惟鄉愿乎？鄉愿，德之賊也。」什麼是鄉愿呢？孟子說：「非之無

舉也,刺之無刺也,同乎流俗,合乎污世,居之似忠信,行之似廉潔,眾皆悅之,自以為是,而不可與入堯舜之道,故曰德之賊也。」古之所謂鄉愿,即今之所謂好人或老好人。一個庸碌無能的人,既不敢為大惡,亦不能行大善。不敢為大惡,所以「居之似忠信,行之似廉潔」。不能行大善,所以「同乎流俗,合乎污世」。遇事人云亦云,模稜兩可,所以「眾皆悅之」。惟其眾皆悅之,所以大家皆稱之曰好人,或老好人。這種人正是儒家所稱為德之賊者。為什麼是德之賊呢?因為這種人的行為,與所謂中庸之道,有點相似,很能「魚目混珠」,以偽亂真。所以孔子曰:「惡似而非者。惡莠,恐其亂苗也;……惡紫,恐其亂朱也;惡鄉愿,恐其亂德也。」我們以上所說誤解中庸之道的人,以為做事不徹底,模稜兩可,俗而不堪的人,即是行中庸之道的人,或以為人若行中庸之道,其結果必成為做事不徹底,模稜兩可,俗而不堪的人。這正是「鄉愿亂德」的一個好例。

儒家所說「中」的本義是什麼呢?「中」是無過不及,即是恰好或恰到好處的意思。有過或不及,都不是恰到好處。例如炒菜,炒得過了則太老,炒得不及則太生。惟是不老不生,恰到好處,此

菜方好吃。宋玉《登徒子好色賦》說：「東家之子，增之一分則太長，減之一分則太短；着粉則太白，施朱則太赤。」這就是說，此人的高低顏色，均是恰到好處。恰到好處，即是「中」。做事亦有恰到好處的一點，此一點即是「中」。

或可問：我們說，做菜有恰到好處的一點，過此或不及此即不好吃。此所謂好，是就吃說。東家子之高低顏色亦有恰到好處之一點，過此即不好看。此所謂好，是就看說。做事亦有恰到好處的一點，此所謂好，是就什麼說？

做事恰到好處之好，可就兩方面說：一方面就道德說，一方面就利害說。就道德方面說，所謂做事恰到好處者，即謂某事必須如此做，做事者方可在道德方面得到最大的完全。就利害方面說，所謂做事恰到好處者，即謂某事必須如此做，做事者方能在事業方面得到最大的利益。所以就道德方面說，對於做某事有「中」。就利害方面說，對於做某事亦有「中」。儒家講用中，做事不可過或不及，是就道德方面說「中」。道家講守中，凡事都要「去甚，去奢，去泰」，是就利害方面說「中」。

無論就道德方面說「中」，或就利害方面說「中」，「中」均

沒有不徹底的意思。我們先問：什麼叫做徹底？若所謂徹底者，就
道德方面說，是說，我們做事，必須做到我們應該做到的地步，此
應該做到的地步，正是講中道者所謂恰到好處之點。我們不可過此
點再求徹底。於徹底之外，再求徹底，即所謂「賢者過之」了。若
所謂徹底者，就利害方面說，是說，我們做一事，須將其做到完全
成功的地步，此完全成功的地步，亦正即是講中道者所謂恰到好處
之點。我們決不可過此點再求徹底。若過此點而再求徹底，則可致
「前功盡棄」，不惟不能成功，而且還要失敗。若所謂不徹底者，
是說，我們做事，未做至恰好之點，而即停止。如此則所謂不徹底
者，正是講中道者所說之不及，亦正是講中道者所反對者。例如我
們做飯，以做熟為其恰好之點。飯未做熟而停止不做，誠為不徹底，
然此正是不及也。若飯已熟而仍求徹底，則飯將糊不可食，恐無人
需要此種徹底也。

　　「中」亦沒有模稜兩可的意思。譬如某人對於做某事有一意見，
另外一人對於做此事，另有一意見。如某人之所見，正是做此事之
恰好的辦法，則此人之意見，即是合乎「中」，不必亦不可將其打
對折，將其「折中」。其另一人之意見，不合乎「中」，即打對折，

亦不可用。模稜兩可者，多係鄉愿敷衍人，以求兩面討好者之所為。無論從何方面講「中」，皆不是如此。

講中道者所說「賢者過之」之一點，最不易得人瞭解。我們於上文說，在道德方面，所謂做事恰到好處者，即謂某事必須如此做，做事者方可在道德方面，得到最大的完全。有些人多以為，如果某事如此做，是道德的，則於如此做更進一步，當然是更道德的。在歷史或小說中，有聖賢及俠義兩種人。有些人以為聖賢的行為，是道德的，而俠義的行為則是更道德的。《兒女英雄傳》中，安水心說，俠義行事，「要比聖賢都高一層」。比聖賢都高一層者，即其行為是更道德的也。

如所謂道德的者，只是在道德方面，勉強及格，如學校中普通考績之六十分然，則所謂更道德的者，即如學校中普通考績之七十分或八十分。有些人持如此的看法。照他們的看法，聖賢所講的中庸之道，都是些「卑之無甚高論」的話。聖賢的行中庸之道的行為，都是「比上不足，比下有餘」。照他們的看法，聖賢所講的中庸之道，都是僅為一般普通人而設，有特殊聰明才力的人，是不為此所限制的。

這一種看法，講中庸之道者，當然不能贊成。我們亦不贊成這

種看法。我們說，在道德方面，所謂做事恰到好處者，即謂某事必須如此做，做事者方可在道德方面，得到最大的完全。既是必須如此做方能得最大的完全，則不如此做，即不能得最大的完全。不但不及此者不能得最大的完全，即過此者亦不能得最大的完全。所謂「過猶不及」也。我們說，聖賢的行為是道德的，意思不是說，它是勉強及格，而是說它是最道德的。最道德的之上，不能有更道德的。

　　《後漢書・獨行傳敘》說：獨行的人，「蓋失於周全之道，而取諸偏至之端」。這兩句話很可說明聖賢的行為，與俠義的行為的性質的不同。俠義的行為，在有些方面，是比中道又進一步。就此方面說，他的行為，可以說是比聖賢都高一層，不過這高一層，只是一方面的。就一方面看，他的行為比中道又進一步，但在別的方面，則必有不及中道者。他於此方面過之，於別方面必有不及。他只顧到此方面，而不顧到別的方面，所以他的行為不是「周全之道」，而只是「偏至之端」。聖賢所行的是中道，單在一方面看，其行為似乎是沒有什麼特別出眾之處，但他卻是各方面都顧到的。所以他的行為不是「偏至之端」，而是「周全之道」。所以聖賢的行為，可以成為社會上的公律，而俠義的行為，則不可成為社會上的公律。

因此在道德方面俠義的行為，不能比聖賢高一層。

　　《呂氏春秋》說，有二俠士，相偕出遊。至一處飲酒，有酒無餚。此二人說，吾二人身皆有肉，何必再求餚。遂各割其身之肉，烤熟請別一人吃，吃畢，兩人皆死。此二人各割其身之肉，以奉其友。專就待朋友這一方面看，可以說是「仁至義盡」了。專就此方面說，他們的行為是「至」，但此二人各有其在別方面應做的事，應負的責任，他們均不顧及。兼就別方面說，他們的行為是「偏」。所以他們的行為，不是「周全之道」，而是「偏至之端」，不可成為社會上的公律，不可為法，不可為訓。此所引固然是一極端的例。然在此極端的例中，我們可以看出俠義的行為，與聖賢的行為的性質的不同。一行為是不是超過中道，在大部分情形中，是不很容易決定的。所以我們必須在這些極端的例中，方可以看出俠義的行為，與聖賢的行為的性質的不同。

　　「言必信，行必果」，是俠義的信條。「言不必信，行不必果，惟義所在」，是聖賢的信條。此所謂義，即「義者，宜也」之義。所謂宜者即合適於某事及某情形之謂。做事必須做到恰好處。但所謂恰好者，可隨事隨情形而不同。就道德方面說，言固須信，但在

有些情形中，對於某事，守信不是恰好的辦法。此亦即說，在有些情形中，對於某事，守信是不合乎中道的。例如所謂「尾生之信」是。尾生與一女子約，期相遇於橋下。及期，尾生至，而女子不至。橋下水漲，尾生仍守橋下不去，遂至溺死。我們可以說，在此情形下，尾生未免太守信了，守信而可以說是「太」，即其守信不是在此情形下做此事的恰好的辦法也。其不恰好是由於太過，而不是由於不及，所以說是「太」。一個人在社會裡有許多責任，有許多應做的事。尾生因與一女子相期，專顧及守信，而不顧及他在別方面的責任。其行為，專就守信方面說，真算是徹底了。專就此方面說，他的行為是「至」。但就別的方面說，則他所顧不到的很多。就別的方面說，他的行為是「偏」。所以其行為不是「周全之道」，而是「偏至之端」，不可成為社會上的公律，不足為法，不可為訓。

我們說，對於某事，在某情形下的恰好辦法。因為所謂恰好辦法是不能離開事及情形而空洞說的。例如尾生在橋下候其相期之人，若無橋下水至之情形，則在道德方面說，其守信是恰好的辦法，是中道，其不守信則是不及。此是就情形說。若就事說，對於有些事雖死亦守信是恰好的辦法，是中道，其不守信則是不及。例如一軍

人奉命於某時炸毀一橋，其開放炸藥之機關，正在橋下，所以他非在橋下守候不可。橋下雖水至，但他總希望在他未溺死以前，能執行他的職務。如是為這種事，則他守信而死，是合乎中道的，如他不守信，則是不及。孟子說：「言不必信，行不必果，惟義所在。」正是說，言之是否必信，要看事看情形而定。

尾生之信，不足為法，更可於其不合乎忠恕之道見之。我們對於朋友有約會，我們固希望他準時赴約，但在普通情形中，我們並不希望他死亦守約。例如我們與一朋友約在某茶館喝茶，我們並不希望他，雖有了空襲緊急警報，仍坐在那裡不動。若他於這種情形下仍端坐不動，以至於有危險，則他的行為超過我們所希望於他的，照人同此心的說法，他所做亦超過他所希望於我們的。照如此看法，則他的行為，即不合乎忠，其不合是過之。如我們與朋友約，到時我們不到，朋友負氣，無論如何，必在那裡守候。但這種負氣，亦不是我們所希望於朋友者。照人同此心的說法，這亦不是朋友所希望於我們者。他若照着他所不希望於我們者做去，則他的行為即是不合乎恕，其不合是不及。尾生的行為，不是過忠即是不及恕，總之是不合乎忠恕之道的，因此我們亦可知其不是恰好的辦法。

　　假如一個軍人奉命在一橋下守候，俟聽見某種信號，則將橋炸
毀，信號尚未到而水到。他不能斷定他是不是能在被淹死以前接到
信號。在這種情形下，他可以想，若是我派人在這裡做這個事，我
必希望他在死以前總守在橋下，而不希望他見水到即跑。因此他亦
可知，他的長官，派他做這個事的時候，亦希望他在死以前總守在
橋下而不希望他見水即跑。於是他就死守在橋下。就他死守在橋下
說，他的行為是忠，就其不跑開說，他的行為是恕。他的行為是合
乎忠恕之道的。因此我們亦可知他的行為是恰好的辦法。

　　俠義的奇節異行，能引起我們的讚美，這亦是我們所承認的。
不過我們以奇節異行的價值，在於其「奇」，「異」。這一種價值，
也許是美學的而不是道德學的。

　　或可問：若一軍人因預備炸橋而死於橋下，其身既死，則其對
於別方面的責任，亦是不能顧到，所謂忠孝不能全者是也。何以此
軍人的行為，又不是「偏至之端」呢？於此我們說，事有重輕的不
同。此軍人所做炸橋的事，可以關係全軍的勝敗，而全軍的勝敗，
可以關係國家的存亡，其事重。若尾生與一女子相期，則只與他個
人的生活的一方面有關，其事輕。且此軍人炸橋的事，是事機一失

不可復得。而尾生與女子的相約，或是雖不遇而「後會有期」。有這些不同，所以此軍人的死，是「取義成仁」；而尾生的死，則是「匹夫匹婦之為諒也」。一個是「死有重於泰山」，一個是「死有輕於鴻毛」。兩個人雖俱不能顧到對於別方面的責任，但一個是應該的，一個是不應該的。

　　以上是就道德方面說「中」。若就別的方面說，則無論對於任何事，都有個「中」。例如上所說，炒菜不可太生，亦不可太熟。生熟恰到好處，菜才好吃。此恰到好處，即是其中。又如商人賣東西，要價太多，則人不買。要價太少，又不能賺錢。必須要價不多不少，恰到好處。此恰到好處，即是其中。

　　無論就道德方面，或就利害方面說「中」，所謂「中」都是相對於某事及某情形說的。例如我們說，人不可吃得太多，太多則胃不消化；亦不可太少，太少則營養不足。最好是吃得不多不少，但如何是不多不少，則須視一個人的身體情形而定。我們不能說，人吃十碗飯太多，一碗飯太少，無論什麼人，都須吃五碗飯，這是不通的。對於有些人，吃五碗飯即為太多，對於有些人，吃五碗飯還是太少。

「中」是相對於事及情形說者,所以「中」是隨時變易,不可執定的。「中」是隨時變易的,所以儒家說「時中」。時中者,即隨時變易之中也。孟子說:「執中無權,猶執一也。」所謂執一者,即執定一辦法以之應用於各情形中之各事也。

或可問:如果如此,則我們做事,豈非完全無一定的規律可循?我們說:所謂「中」者,雖是相對於事及情形說者,然就事說,不僅有事,而且有某類的事,就情形說,不僅有情形,而且有某類的情形。對於某事在某情形下之中,對於其同類的事,在其同類的情形下,亦是「中」。例如尾生的行為,是不合乎「中」的,則如有人對於與此同類的事,在與此同類的情形下,有與此同類的行為,其行為亦是不合乎「中」的。上所說軍人的行為是合乎「中」的,則如有人對於與此同類的事,在與此同類的情形下,有與此同類的行為,其行為亦是合乎「中」的。對於某種事在某種情形下的「中」,與對於別種事在別種情形下的「中」不同。就此方面說,「中」是多的,是變的。但對於某種事在某種情形下的「中」,則是永遠相同的。就此方面說,「中」是一的,是不變的。

我們於上文說,合乎中道的行為,是可以成為社會上的公律的。

所謂社會上的公律者，是在原則上，人皆應該完全照着行，在事實上，人皆多少照着行者。社會上的公律，大概都是道德的規律。道德的規律，必都是社會上的公律。我們常說，某行為可以為法，可以為訓，或不足為法，不足為訓。可以為法，可以為訓者，是可以成為社會上的公律者；不足為法，不足為訓者，是不可以成為社會上的公律者。

於此我們可知，中道亦即是庸道。程子說：「庸者，天下之定理。」定理者，即一定不可移之理也。所謂公式公律等，都是一定不可移之理，都是定理。康德說：凡是道德的行為，都是可以成為公律的行為。例如「己所不欲，勿施於人」的行為，是可以成為公律的。若果社會上個個人都如此行，則社會上自然沒有衝突。好像在大路上走路，無論人向何方向走，但只要都靠左邊走，或都靠右邊走，自然都不會碰着。但己所不欲，亦施於人的行為，則不可成為公律，因為社會上如果人人如此，則立刻各處都是衝突，而社會亦即不成其為社會了。又如盜賊的行為，是不道德的行為，此於其不能成為公律可以見之。盜賊自己不生產，而專盜竊或搶奪別人的生產。如果社會上個個人都不生產而專盜竊或搶奪別人的生產，則

即無人生產。如果人人皆不生產，則盜賊亦無以自存。社會上決不能人人皆為盜賊，所以盜賊的行為是不可以為公律的。就這一方面看，我們可知盜賊的行為是不道德的行為。

盜賊的行為是不道德的行為，是「不肖者不及也」。其不可以為公律，是顯然的。若上所說的俠義的行為，所謂「賢者過之」者，亦是不可以為公律的。所謂可以為公律者，即人人皆可依之行也。俠義的行為不是人人皆可行者，所以亦不可以為公律。所謂人人皆不可行者，不是說，人不是皆努力向上，所以不可行，而是說，若人人如此行，則其間有矛盾。例如《呂氏春秋》所說二俠士的行為，就一方面說，是「至」。但如人人都如此行，於招待朋友的時候，都割自己的肉，請朋友吃，則恐怕社會上的人，不久都要死絕了。尾生的行為，如人人皆仿行，恐亦有同樣的結果。所以這些行為，在一方面說，雖是高不可攀，但不是人人皆可行，所以亦是不可以為公律的，不足為法，不足為訓。就此方面看，我們雖不能說，他們的行為是不道德的，但可以說，他們的行為不是完全地道德的。其價值大部分在於其是「奇」是「異」，如以上所說。

程子又說：「不易之謂庸。」不易即是不可改易。所謂社會上

的公律者,即原則上人人所皆應該完全照着行,事實上人人所皆多少照着行者,所以公律是不可改易的。事實上無論什麼人都多少照着行,都多少須這樣辦,所以這樣辦即成為平常的了。舊說常以「菽粟布帛」作為庸之例。菽粟布帛,是人日用所不可缺者。因其是日用不可缺,所以即為人所習見,而成為所謂庸了。

從此觀點看,所謂賢者過之的行為,都如些奇花異草,其本身亦有可愛之處。但其實用的價值,是不及菽粟布帛的。社會上可以無奇花異草,而不可以無菽粟布帛。社會上人人都種菽粟,不種奇花,是可以的。但社會上人人都種奇花,不種菽粟,是不可以的。菽粟是平常的,但是不可缺的;奇花是非常的,但是可缺的。中道的行為是平常的,但是可以為公律的;「賢者過之」的行為,是非常的,但是不可以為公律的。就其是平常說,所以謂之庸;就其為公律說,所以謂之不易,所以謂之定理。

程子又說:「中者,天下之正道。」他所說的這個道字,或許有別的意義,不過我們可以把這個道字作路字解。對於任何事,都有一條合乎中道的路可走。這條路是人人都可走的,所以謂之正路,亦可謂之大路。不走這條大路,而好走小路者,《中庸》謂之「索

隱行怪」，「行險徼倖」。小路雖亦有人走，走小路或亦有時有特別的方便，但走小路總亦有特別的不方便，而其不方便總較其方便為大，不然，即人人皆走小路，而此小路即不是小路，而是大路矣。大路似曲而實直。《老子》說：「大直若屈。」可用以說此義。

以上是專從道德方面說庸。從功利方面說，凡是能使某種事最成功的辦法，亦是最平常的辦法。例如一個人如想發財，最平常的辦法，是竭力去經營工業或商業。《大學》說：「生財有大道，生之者眾，食之者寡，則財恆足矣。」就一個社會說是如此，就一個人說亦是如此。這是大道，亦即上所說大路。這是人人所都知道的，亦是人人所都能行的。如有人嫌此大路太迂曲，嫌此辦法太拙笨，而求另外直捷的路，巧妙的辦法，則即是所謂「行險徼倖」。例如有人因急於發財而大買彩票，希望能得一頭彩，可以一步登天。在幾萬或幾十萬買彩票的人中間，自然有一個人可得頭彩。如果有一個人得了頭彩，他的特別的幸運很可使人羨慕，但他的行為，則不足為法，不可成為公律。他得頭彩的機會，只有幾萬分或幾十萬分之一，而他失敗的機會，則比得頭彩的機會要多幾萬或幾十萬倍。所以，他的行為是「行險」，而其得頭彩是「徼倖」。辛苦經營工

業或商業以求發財的人，固然亦有失敗的機會，實際上亦常有失敗者，但他的失敗的機會與他的成功的機會，在普通的情形下，差不多是均等的。一個人照着這個平易的大路走，即使失敗，而他的行為是可以為法的，可以成為公律的。一個人應該努力地照着這個大路走，至於成功失敗，則「聽天由命」，此之謂「君子居易以俟命」。如上所說買彩票的行為，則是所謂「小人行險以徼倖」。

又如人欲求學問，無論所求者是何種的學問，最平常的辦法，是對於那一種的學問努力用功。大部分人於初學一種語言時，總覺其純靠死記，毫無興趣。有些人往往於此要尋捷徑。有些賣書的人，迎合這種人的心理，印些「某種言語易通」等類的書，大登廣告說，用他這書，可以於短時期內，不費力而學會某種言語，其實這都是欺人的。要想學某種言語，是要靠死記的。這是平常的辦法，除此之外，沒有別的辦法。

又如用兵雖說是詭道，但取勝的平常的辦法，還是努力充實自己的實力，使其勝過敵人，及努力消耗敵人的實力，使其劣於自己。所謂實力，軍事方面的設備，經濟方面的資源，政治方面的組織等，均包括在內。兩個力爭奪，力大者勝，這是人人所知的。這雖亦似

乎是迂曲的路，拙笨的辦法，但除此之外，沒有別的辦法，如有辦法，亦是買彩票希望得頭彩的辦法。例如現在的戰事，正在進行，日本或許有一大地震，將其工業區覆滅。如果如此，則戰事不了自了。這當然不是不可能的事。但我們如希望以此為解決中日戰事的辦法，則其希望的達到，比得頭彩還難得多。如有人只靠這種希望，以解決中日戰事，他亦可以說是「行險以徼倖」。

我們可以說，凡是能使某種事最成功的辦法，都是人人可行的辦法，因為是人人可行的辦法，所以是平常的辦法。照所謂聰明人看起來，這些辦法，都是迂曲拙笨的。他們都好求直捷巧妙的辦法。但是所謂直捷巧妙的辦法，大概多是「行險徼倖」的辦法。其辦法雖似巧而卻不能成事。用不能成事的辦法辦事，必致弄巧反拙。而似乎是拙笨的平常辦法，雖似拙而卻能成事。《老子》說「大巧若拙」，可用以說此義。小聰明人好用巧辦法，往往因此誤事。所謂「聰明反被聰明誤」者，正是說此。《老子》說「大智若愚」，大智不用小聰明，所以若愚。

科學似乎是予人以許多巧妙的方法，以統治天然，以處理人事。清末人說到科學，都似乎以為科學是魔術一類的東西。科學中的公

式，好像是魔術中的咒語符籙，科學家把它用出來，即可以「役使萬物」。即現在不深瞭解科學的人，亦以為科學是很神秘的東西，所謂「科學方法」者，亦是很巧妙的方法。這是完全錯誤的。科學是最平常的東西，科學方法是最平常的方法。科學中的公律等，都是以一般人日常所經驗的平常的事實為根據，一步一步推出來的。就其所根據的平常的事實說，是「匹夫之愚，可以與知」。但「及其至也，雖聖人亦有所不知焉」。但此亦是從愚夫愚婦所知者推出來的，並不是另有何神妙。從平常的事實一步一步地推，並不是一種直捷巧妙的方法，而實是一種迂曲拙笨的方法。聰明人或許不耐煩一步一步地推，但如他不耐煩，他即不能用科學方法。

有一笑話，謂有一人賣治臭蟲方者，方寫於紙上，用信封封固，買者須交價後，方可開視。一人買此方，交價後開視，則紙上寫二字曰：「勤捉。」此雖是笑話，然此治臭蟲方實亦代表一真理。此真理即是：凡做某種事最成功的辦法，亦即是最平常的辦法。

# 第五篇　守沖謙

　　假使一個美國人，因有某種成績，受了別人的誇獎，照美國人的規矩，他對於誇獎他的人的答覆，應該是：「多謝你的誇獎。」或：「多承誇獎，感激不盡。」假使一個中國人，因有某種成績，受了別人的誇獎，照中國人的規矩，他對於誇獎他的人的答覆，應該是：「不敢當。」或：「毫無成績，謬承過獎。」在這種情形下，美國人的答覆，是承認自己有成績；而中國人的答覆，是否認自己有成績。自己有成績，而不認為自己有成績，此即所謂謙虛。虛並不是虛假的意思。《論語》說：「有若無，實若虛。」虛者對實而言。真正謙虛的人，自己有成績，而不以為自己有成績；此不以為並不是僅只對人說，而是其衷心真覺得如此，即所謂「有若無，實若虛」。

　　「自卑而尊人，先彼而後己。」這本是社會所需要的一種道德。社會上的禮，大概都是根據這種道德而有的。無論哪一國家或民族的禮，或哪一種社會的禮，其詳細節目或有不同，但其主要的意思，總不離乎「自卑而尊人，先彼而後己」。一個美國人對於誇獎他的人的答覆，雖不是自卑，而卻是尊人。因為照他的看法，若否認自己有成績，即是直斥誇獎他的人的錯誤。直斥人的錯誤，是無禮的。中國人對於誇獎他的人的答覆，雖不是尊人，而卻是自卑。所謂「謬

承過獎」，即是說：「你對於我誇獎太過，你錯了。」照美國人的看法，這是很不客氣的話。照中國人的看法，這不客氣，是為自卑而起，所以雖不客氣，而決不會引起對方的誤會。

我們常聽說，人須有「自尊心」。上所謂自卑，並不是有自尊心的反面。孟子說：「人有不為也，而可以有為。」一個人在消極方面，有有不為之志，在積極方面，有有為之志，這種人謂之有自尊心。無自尊心的人，認為自己不足以有為，遂自居於下流，這亦可說是自卑。不過此自卑不是上所謂自卑。此自卑我們普通稱之為自暴自棄。孟子說：「舜何人也？予何人也？有為者亦若是。」有這一類的志趣者，謂之有自尊心。在行這一類的志趣的時候，完全用不着與人客氣，用不着讓。所謂「當仁不讓」是也。但在人與人的普通關係中，則彼此之間，需要互讓。讓是禮的一要素。所謂客氣，所謂禮貌，都有讓的成分在內，所以我們常說「禮讓」。上所謂自卑，是讓的表現，並不是自暴自棄。

有些人認為，有自尊心，即是在人與人的普通關係中，以自己為高於一切，這是錯誤的。有自尊心是就一個人的志趣說。上所謂自卑，是就人與人間的禮讓說。二者中間，並沒有什麼關係。

　　說到讓，或者有人以為與所謂鬥爭，或奮鬥等精神不合。這以為又是錯誤的。所謂鬥爭，可以提倡者，只能是團體與團體間的鬥爭，不能是一個團體內的人與人的鬥爭。有提倡民族鬥爭者，亦有提倡階級鬥爭者，但是沒有人提倡，亦沒有人能提倡，人與人鬥爭。這是不能提倡的。所謂不能提倡者，即謂，如有提倡者，其說一定是講不通的。無論我們贊成民族鬥爭或階級鬥爭之說與否，其說是講得通的。但如有提倡人與人鬥爭者，其說是講不通的。如有人以為，提倡民族鬥爭或階級鬥爭者，必亦提倡人與人鬥爭，此以為亦是錯誤的。持此等以為的人可以說是「不明層次」。因為所謂民族或階級，不是與人在一層次之內的。

　　所謂奮鬥者，不過是說，一個人應該努力去做他所應該做的事，或他所願意做的事。鬥字在此，只是一種比喻，並不含有侵害別人的意思，與鬥爭之鬥不同。一個人於不侵害別人的範圍內，當然可以，而且應該，努力做他自己所應該做的事，或他所願意做的事。這裡用不着讓，亦實在不發生讓或不讓的問題。一個人讀書，求學問，用不着讓別人佔先，並且還可以爭着佔先。但他若因此，而於與別人共飯時，亦搶着吃菜而不讓人，則他可說是「不知類」。因

為求學問與吃飯，在這一方面，並不是一類的事。

以上所說，是普通所謂謙虛，但就中國的傳統思想說，謙虛並不僅只是如此。就中國的傳統思想說，謙虛是一種人生態度，其背後有很深的哲學的根據。此哲學根據，一部分即是《老子》及《易傳》中所講的道理。

老子對於人生，有很深的瞭解。他觀察人生，研究人生，發現了許多道理或原則。這些道理或原則，他名之曰「常」。他以為人若知道了這「常」，而遵照之以行，則即可以得利免害。若不知這些常而隨便亂作，則將失敗受害。他說：「知常曰明。不知常，妄作，凶。」

在這一點，老子很有科學的精神。科學的目的，或其目的之一，亦是欲發現宇宙間的許多道理而使人遵照之而行。人若遵照這些道理而行，他可以得到許多利益。我們常說：「科學能戰勝自然。」就一方面說，它是能戰勝自然；就又一方面說，它之所以能戰勝自然，正因它能服從自然。

老子所說的話，有許多對於道德是中立的。在這一點，他亦與一般科學家相似。科學家所講的道理，對於道德是中立的。有些人可以應用科學家所講的道理做道德的事，有些人亦可以應用科學家

所講的道理，做不道德的事。但對於這些，科學家都是不負責任，亦不能負責任的。在有些地方，老子亦只說出他所發現的道理，至於人將應用這些道理做些什麼事，老子是不負責任，亦不能負責任的。例如老子說：「將欲歙之，必固張之；將欲弱之，必固強之；將欲廢之，必固興之；將欲取之，必固與之。」有人因此說，老子講陰謀。其實老子並不是講陰謀，不過陰謀家可應用這些道理，以遂其陰謀而已。

老子說：「反者，道之動。」照老子的看法，一某事物，若發展至其極，則即變為其反面，此所謂「物極必反」。《易傳》中亦講這個道理。舊說《易》《老》相通。其相通的主要的一點，即是《易》《老》皆持「物極必反」之說。

海格爾亦說：事物皆含有其自己的否定。若一某事物發展至極，則即為其自己所含有之否定所否定。所以一切事物的發展，都是所謂自掘墳墓。馬克思的歷史哲學，亦用海格爾此說，不過他不以心或觀念為歷史的主動力，而以經濟的力量為歷史的主動力。所以他的歷史哲學稱為物質史觀或經濟史觀。

一某事物的發展，如何是已至其極？有些事物，其極是對於客

觀的環境說，有些則是對於主觀的心理說。例如馬克思說，一個資本主義的社會，若發展至其極，則即為其自身所含有之否定所否定，資本主義的社會的發展是「自掘墳墓」。資本主義的社會之極，是對於客觀的環境說。所謂客觀的環境，亦是一種事物自身所造成的。每一種事物，在其發展的過程中，自身造成一種環境。如這種環境，使此種事物不能繼續存在，則此種事物的發展，即已至其極。因為這種環境是這種事物自身所造成的，所以這種環境即是這種事物自身所掘之墳墓，亦即其自身所含有的否定之表現。

　　就資本主義的社會的發展說，其極是對於其自身所造成的環境說。但就一個資本家的財產的發展說，其極是可對於一個資本家的主觀心理說。假使有一個國家的法律，規定一個資本家的財產，不能超過一百萬元，則此國內的資本家的財產，如到一百萬元，即已至其極，就此方面說，或就類乎此的方面說，一個資本家的財產的發展，亦是對於客觀的環境說。不過這一種極是人為的，不是自然的，所以這一種極不必引起反。但假如雖沒有這些限制，而一個資本家發財至一百萬元時，此人即已志驕意滿，以為他已是天下第一富人，而再不努力經營他的工業或商業，如此，則一百萬元對於此

人，即是其財產之極。到了此極，此人的工業或商業，即只會退步，不會進步，而其財產亦只會減少，不會增加了。

又譬如一個人有很大的學問，但他總覺得他的學問不夠，此人的學問，對於此人，即尚未至其極。此人的學問，即還有進步的希望。另外有一人，雖只讀過幾本教科書，但自以為已無所不知，無所不曉，此人的學問，對於此人，即已至其極。此人的學問，不但沒有進步的希望，而且一定要退步。舊說所謂「器小易盈」即是指這一類的人說。小碗只需裝一點水，即至其容量之極。再加水，即要溢出來，此所謂「易盈」也。《易》《老》所謂極，大概都是就這些方面說。

如欲使一某事物的發展，不至乎其極，最好的辦法，是使其中先包括些近乎是它的反面的成分。例如一個資本主義的社會，如發展至一相當程度，而仍欲使其制度繼續存在，最好的辦法，是於其社會中，先行一些近乎是社會主義的政策。如有人問一馬克思的信徒，英美等國的資本主義已經很發展了，何以在這些國內，還沒有社會革命發生呢？最好的答案是，因為英美等國的資本家，在有些地方，採用了近乎是社會主義的政策，例如工會組織，社會保險，

失業救濟等，以緩和階級鬥爭。英美等國的資本家，與他們的工人的關係，已不是如馬克思等所說的那樣單純了。這些資本家，於其資本主義的社會內，先容納些近乎是社會主義的成分，所以他們可以使他們的制度繼續存在，而不至於造成一種環境，使其不能繼續存在。這種辦法，最為反對他們的人所厭惡，因為這是維持他們的制度的最好辦法。共產黨人最恨溫和的社會主義。因為共產黨人主張推翻資本主義的社會，而溫和的社會主義反可使資本主義的社會繼續存在。

就社會說是如此，就個人說亦是如此。如一個人想教他的事業或學問繼續發展進步，他須常有戒慎恐懼之心。人於做事將成功時，往往有志得意滿的心；於做事將失敗時，往往有戒慎恐懼的心。戒慎恐懼近乎是志得意滿的反面。我們說近乎是，因為志得意滿的真正反面，是頹喪憂悶。人若常存戒慎恐懼的心，則是常存—近乎是志得意滿的反面的心。所以他的事業，無論如何成功，如何進展，都不是其極。所以他的事業，可以繼續發展進步。《易傳》說：「危者，安其位者也；亡者，保其存者也；亂者，有其治者也。是以君子安而不忘危，存而不忘亡，治而不忘亂，是以身安而國家可保也。

《易》曰:『其亡其亡,繫於苞桑。』」若一國之人,常恐其國要亡,則其國即安如磐石。正說此義。我們可以說:一個人做事,如常恐失敗,他大概可以成功;如常自以為要成功,他大概必要失敗。

　　一個人的這種戒慎恐懼的心理,在態度上表現出來,即是謙虛。真正謙虛的人,並不是在表面上裝出謙虛的樣子,而是心中真有自覺不足的意思。他有這種心,他的事業,自然可以繼續發展進步,無有止境。所以《易》謙卦象辭說:「天道虧盈而益謙,地道變盈而流謙,鬼神害盈而福謙,人道惡盈而好謙。謙尊而光,卑而不可逾,君子之終也。」舊說,謂謙卦六爻皆吉,表示人能謙則無往不利的意思。

　　謙卦象辭以謙與盈相對而言。舊說亦多以為與謙相對者是盈或滿。一個人對某一種事覺得滿了,即是此種事的發展對於他已至其極了。已至其極,即不能再有發展進步。所以說:「滿招損,謙受益。」嚴格地說,與盈或滿相對者是沖或虛。老子說:「道沖而用之或不盈。」沖是與盈相對者。我們常說,沖謙,謙虛。沖或虛是就一個人的心理狀態說。謙是就此種心理狀態之表現於外者說。盈或滿亦是就一個人的心理狀態說。此種心理狀態之表現於外者是驕。

驕是與謙相對者。驕盈是與謙虛相對者。

　　以上說，一個人對於他的事業，如常有自覺不足的意思，他的事業即可繼續發展進步，無有止境。所以說：「高而不危，所以長守貴也；滿而不溢，所以長守富也。」「高而不危」，即是說，一人之貴，對於他尚不是其極。「滿而不溢」，即是說，一人之富，對於他尚不是其極。如一人之富貴，對於他不至其極，他即可以繼續富貴。又如說：「學如不及，猶恐失之。」一個人如果常能學如不及，他的學問，自然可以繼續進步。反之，如一個人對於他的事業或學問，有了志得意滿的心，他的事業或學問，對於他即已至其極，已至其極，即不能再有發展進步了。

　　以上是就一個人及其事業說。就人與人的關係說，謙亦是一種待人自處之道。人都有嫉妒心，我在事業，或學問等方面，如有過人之處，別人心中，本已於不知不覺中，有嫉妒之意。如我更以此過人之處，表示驕傲，則使別人的嫉妒心愈盛，引起他的反感。大之可以招致禍害，小之亦可使他不願意承認我的過人之處。所謂名譽者，本是眾人對於我的過人之處之承認。我有過人之處，眾人亦承認我有過人之處，此承認即構成我的名譽。若我雖有過人之處，

而眾人不願意承認之,則我雖有過人之處,而名亦不立。老子說:「富貴而驕,自遺其咎。」以富貴驕人,或以學問驕人,或以才能驕人,如所謂恃才傲物者,大概都沒有好結果。若我雖有過人之處,而並不以此驕人,不但不以此驕人,而且常示人以謙,則人反極願意承認我的過人之處,而我的名譽,可立可保。老子說:「不自見故明,不自是故彰,不自伐故有功,不自矜故長。夫惟不爭,故天下莫能與之爭。」正是說上所說的道理。

所以古人以玉比君子之德。所謂「溫其如玉」。玉有光華而不外露,有含蓄的意思。我們的先賢,重含蓄而不重發揚。含蓄近乎謙,而發揚則易流為驕。

朱子《周易本義》謙卦卦辭注云:「謙者,有而不居之意。」有而不居,本是老子所常說的話。老子說:「生而不有,為而不恃,功成而弗居。夫惟弗居,是以不去。」「夫惟不居」下又說「是以不去」。「是以不去」是說「有而不居」的好處。此是就利害方面說。我們以上說謙虛的好處,及驕盈的壞處,亦是就利害方面說。若就另一方面說,一個人可以有一種知識或修養,有此種知識或修養者,可以無意於求謙虛而自然謙虛,無意於戒驕盈而自然不驕盈。

　　有此種知識或修養的方法有三種。一種是重客觀，一種是高見識，一種是放眼界。

　　先就重客觀說。我們知道，某一種事，必須在某一種情形下，方能做成。此某一種情形，我們名之曰勢。一時有一時的勢，所以勢有時稱為時勢，有時亦稱為時。例如飛機的發明，必須在物理學、氣象學、機械學已進步到相當程度的時候。在這時候，人對於此各方面的知識，以及各種材料上的準備，構成一種勢，在此種勢下，人才可以發明飛機。一個人發明了飛機，即又構成了一種勢。就此方面說，這是英雄造時勢。但他必須在某種勢下，才能發明飛機，就此方面說，這是時勢造英雄。一個英雄，若能知道，他亦是時勢所造，他對於他的事業，即可以有「有而弗居」的心。有「有而弗居」的心，他當然無意於求謙虛，而自然謙虛，無意於戒驕盈，而自然不驕盈。

　　我們現在的人，可以有許多知識，為前人所未有者。但我們決不能因此即自以為，我們個人的聰明才力，是超乎古人的。我們所以能如此者，完全因我們的憑藉，比古人多，比古人好。譬如我們現在能飛行，古人不能飛行，這完全因古人無飛機，我們有飛機之

故，並不是我們的身體，與古人有何不同。有許多事情的成功，是時為之，或勢為之，不過時或勢總要借一些人，把這些事做了。這一些人，對於做這些事，固然不能說是沒有貢獻，但若他們竟以為這些事的成功，完全是他們自己的功勞，此即是「貪天之功以為己力」。所謂「功成弗居」，實即是不「貪天之功」而已。不貪天之功者，無意於求謙虛，而自然謙虛，無意於戒驕盈，而自然不驕盈。

再就高見識說，一個人少有所得即志得意滿者，往往由於見識不高。一個學生在學校裡考試，得了一百分，或是在榜上名列第一。這不過表示，在某種標準下，他算是程度好的。但是，這種標準，並不是最高的標準。若從較高的標準看，他的這一百分，或第一名，或可以是一文不值。明儒羅念庵於嘉靖八年中了狀元。他的岳父喜曰：「幸吾婿建此大事。」羅念庵說：「丈夫事業，更有許大在。此等三年遞一人，何足為大事也。」一個人對於他自己的成就，若均從較高的標準看，則必常覺其不及標準，而自感不足。所謂見識高的人，即有見於此所謂較高的標準，而不屑於以較低的標準，衡量其自己的成就者。舊說，人須「抗志希古」，此即謂，凡做事均須以較高的標準為標準。

　　凡是古的，都是好的，這固然是舊日的人的一種錯誤的見解，但舊日的人持這一種見解，也不能說是完全沒有根據。以文藝作品為例說，現存的古代文藝作品，實在都是好的。不過這並不是因為古人「得天獨厚」，如舊日的人所說者，而是因為這些作品都已經過時間的選擇。古代並非沒有壞的文藝作品，我們可以說，其壞的作品，至少與現在一樣多。不過那些作品，都經不起時間淘汰，而早已到了它們應該到的地方，那即是字紙簍。時間是一位最公平的大選家，經過它的法眼以後，未經它淘汰的，都是好的作品。所以現在留下的古代文藝作品，都是好的，沒有壞的。所謂「抗志希古」者，就文藝方面說，即是我們寫作，須以經過時間選擇的作品為法，我們衡量我們的作品，亦須以這些作品為標準。如果一個人能以韓退之的或蘇東坡的作品，為衡量他的作品的標準，他即可見，他的作品，如不能達到此標準，即使能在某學校內得到一百分，這一百分實在是不算什麼的。如果他有如此的見識，即在某學校內得了一百分，他也決不會志得意滿。

　　即使一個人已能做出如韓退之的，或蘇東坡的文藝作品，他還可見，於這些作品之上，還有文藝作品的理想標準，以此標準為標

準，即歷史上大作家的作品，也還不能都是盡善盡美。大作家於創作時，往往因為一兩字的修改，弄得神魂顛倒。可見文藝作品的理想標準，如非不可及，亦是極不易及的。

以上雖只舉文藝作品為例，但我們可以說，在人事的各方面，都有如以上所說的情形。舊說：「取法乎上，僅得其中；取法乎中，僅得其下。」仍就文藝方面說，以文藝作品的理想的標準為法者，可以成為大作家，如韓蘇等。但如以韓蘇為法者，則對於韓蘇只有不及，不能超過。至於以未經時間淘汰的作品為法者，則其成就，必定是「每況愈下」。

有高見識者，凡事均取法乎上。既均取法乎上，所以他對於他自己的成就，常覺得不及標準，而自感不足。程伊川說：「人量隨識長。亦有人識高而量不長者，是識實未至也。」以上文之例說之，知學校內定分數的標準，不過是一種標準，是識長也。因此即不以一百分自滿，是量長也。所謂量即是容量的意思。器小易盈即是量小。量隨識長者，無意於求謙虛，而自然謙虛，無意於戒驕盈，而自然不驕盈。

再就放眼界說。人之所以少有所得，即志得意滿者，往往亦由

於眼界不闊，胸襟不廣。一個三家村裡的教書匠，在他村裡，在知識方面，坐第一把交椅，他即自命不凡，自以為不可一世。這是由於他的眼界只拘於他的一村以內的緣故。他的眼界既窄，胸襟自然亦狹，所以亦是「器小易盈」。他若能將他的眼界放至他的村外，以及於一鄉，一縣，他即可知，他的知識，實在有限，而在三家村裡坐第一把交椅，實在不算什麼了不得的事。若一個人能將他眼界放至與宇宙一樣大，他即可見，雖有蓋世功名，亦不過如太空中一點微塵。他若有這等眼界，他自然不期謙虛，而自然謙虛，不戒驕盈，而自然不驕盈。

《莊子‧秋水》篇說：「計四海之在天地之間也，不似礨空之在大澤乎？計中國之在海內，不似稊米之在大倉乎？號物之數謂之萬，人處一焉，人卒九州，穀食之所生，舟車之所通，人處一焉。此其比萬物也，不似毫末之在於馬體乎？五帝之所連，三王之所爭，仁人之所憂，任士之所勞，盡此矣。」《莊子‧則陽》篇說：「游心於無窮。」宇宙是無窮，把自己的眼界推到與宇宙同大，亦是一種「游心於無窮」。在這樣大的眼界中，無論怎麼大的事業學問，都成為渺小無足道的東西了。這些渺小無足道的東西，自然不足介

於胸中。胸中無足介者，即所謂胸懷灑落。有如此的眼界，如此的胸襟者，不但自然謙虛，自然不驕盈，而實在是對於如此的人，驕盈謙虛，都不必說了。

《莊子・逍遙遊》說：「堯治天下之民，平海內之政，往見四子藐姑射之山，汾水之陽，窅然喪其天下焉。」《莊子・大宗師》說：「夫無莊之失其美，據梁之失其力，黃帝之亡其知，皆在爐捶之間耳。」為什麼堯一見四子，即喪其天下呢？為什麼許由爐捶之間，可使無莊失其美，據梁失其力，黃帝亡其知呢？因為四子許由，有一種最大的眼界，最闊的胸襟，使見他們的人，馬上覺得自己的渺小，自己的所有的過人之處的渺小。堯本可以平治天下自鳴得意，無莊等本可以其美力等自鳴得意，但於他們的眼界擴大以後，他們即可知他們所有的過人之處，實在是不足道的。

這是莊學的最高義中的一點。宋明儒亦有此類的說法。程明道說：「泰山為高矣，然泰山頂上，亦不屬泰山。雖堯舜之事，亦只如太虛中一點浮雲過目。」象山《語錄》中謂：象山「一夕步月，喟然而歎。包敏道侍，問曰：『先生何歎？』曰：『朱元晦泰山喬岳，可惜學不見道，枉費精神，奈何？』包曰：『勢既如此，莫若

各自著書，以待天下後世之自擇。』忽正色厲聲曰：『敏道，敏道，恁地沒長進，乃作這般見解。且道天地間有個朱元晦陸子靜，便添得些子？無了後便減得些子？』」有了朱元晦陸子靜，天地不添得些子，無了亦不減得些子，則朱元晦陸子靜之泰山喬岳，亦不過如太空中一點浮雲，又有何驕盈之可言？

　　或可問：若凡事都從與宇宙同大的眼界看，則人生中的事，豈不是皆不值一做了？關於這一點，我們可以說，我們於上文「為無為」中說，我們做事，有些事是無所為而為，有些事是有所為而為。就無所為而為的事說，有些事是我們的興趣之所在，我們做這些事，是隨着我們的興趣，至於這些事是值得做或不值得做，對於我們，本來是不成問題的。譬如小孩騎竹馬，他只是願騎則騎而已，他不問竹馬值得騎或不值得騎，實亦不必問值得騎或不值得騎也。有些事是我們的義務之所在。我們做這些事，是實踐我們的義務。每個人皆要生活，要生活則不得不盡生活中的義務。若問生活中的義務值得盡或不值得盡，則須先問，生活是值得生活或不值得生活。有些人或以為生活不值得生活，但在他未死以前，他總是要生活的。他既要生活，他即須盡其在生活中的義務。這都是就無所為而為的

事說。至於就有所為而為的事說，有些人做事的所為是權利，有些人做事的所為是名譽。如他們因放大了眼界，而覺得這些所為是不值得要的，他盡可不要這些所為，不做這些事，而專做他的興趣所在及義務所在的事。這對於他，或對於社會，均只有益處，沒有壞處。

　　孔子說：「巍巍乎舜禹之有天下也，而不與焉。」朱子注說：「不與猶言不相關。」朱子《語錄》說：「不與只是不相干之義。言天下自是天下，我事自是我事，不被那天下來移著。」又《語錄》中論謙卦云：「太極中本無物，若事業功勞，又於我何有？觀天地生萬物而不言所利可見矣。」有些事是我們的興趣所在，或義務所在者，這些事我們自要做之。但做之而並不介意於因此而來之榮譽或富貴，此即是有天下而不與的胸襟。這種胸襟，亦惟有大眼界者，始能有之。對於有這種胸襟的人，自然亦無須說什麼謙虛或驕盈的問題。

# 第六篇　調情理

　　舊說常以理與情相提並論。如說某人說話，說得合情理，在情理，或不合情理，不在情理；某人說話，說得入情入理。此所謂情，大概是我們現在所謂情形之情，亦正是我們在《新理學》中所謂勢。此所謂理，是客觀的情或勢中所表現的道理或原則。話說得合情理，或在情理，或入情入理者，這話可以是真的。但其不合情理，或不在情理者，一定是假的。合理或在情理的事，可以有而不必有。但不合情理，或不在情理的事，一定不能有。

　　我們於本篇所謂理，雖亦有上所說的理的意義，但所謂情，則不是上所說的情。道家常說以理化情，或以情從理。本篇所謂情理，是此所謂情理。本篇所討論的問題，亦正是這一類的問題。

　　此所謂情，即我們現在所謂情感之情。此所謂理，則意義比較複雜。此所謂理，有時指上文所說情或勢中所表現的道理，有時指對於此等道理的知識或瞭解，有時指我們能有此等知識或瞭解的官能，即我們所謂理智。照道家的說法，我們如能以理化情，或以情從理，則我們自己即可以無情。我們如能循理而動，則別人對於我們的行動，亦可以無情。後者所謂理，是指上文所說情或勢中所表現的道理。前者所謂理，是指我們對於此等道理的知識或瞭解。

先就以理化情或以情從理說。照道家的說法,情起於人對於事物的不瞭解。例如一小兒走路,為一石所絆倒,此小兒必大怒而恨此石。但一成人為一石所絆倒,則並不怒,不恨此石,或雖略有怒,但並不恨此石。其所以如此者,因小兒對於此石無瞭解,以為此石有意和他搗亂,所以恨之。而成人對石有瞭解,知石是無知之物,決不會有意與他搗亂,所以並不恨之。不恨石則其怒亦減,或即可無怒。

成人對於事物的瞭解,雖比小兒高,但其瞭解仍是部分的,所以仍有時不能無情。對於宇宙及其間的事物,有完全的瞭解者,則即可完全的無情。其所以無情者,並不是冥頑不靈,如所謂槁木死灰,或土塊然,而是其情為其瞭解所化,即所謂以理化情也。此所謂化,如冰雪融化之化。情與理遇,即如冰雪與日光遇,不期融化而自然融化。《世說新語》謂王戎說:「太上忘情,其下不及情,情之所鍾,正在吾輩。」冥頑不靈,如槁木死灰或土塊者,是亦無情也。不過其無情是不及情。若聖人之無情,是其情為理所化,是超過情而非不及。此即所謂太上忘情。

莊子常舉死為例,以見聖人之忘情。因為死是最能使人動情的,

如對於死不動情，則對於別事，自亦可不動情。《莊子‧大宗師》
說，子輿有病，子祀往問之，子祀說：「且夫得者時也，失者順也，
安時而處順，哀樂不能入也。此古之所謂懸解也。」生為得而死為
失。在某情形下，一個人可有生，此某種情形，只於一時有，所以
稱為時。由生而之死，此時順乎自然，所以稱為順。瞭解「生者時也」
則無樂，瞭解「死者順也」則無哀。有此瞭解，即無哀樂，所謂「哀
樂不能入也」，亦即所謂無情也。有情者為情所苦，如被懸吊起來。
有情者為情所苦，得到解放，如懸解然。所以說：「此古之所謂懸
解也。」小說中俠義之流亦常說：「大丈夫生而何歡，死而何懼。」
不過俠義之流之為此言，似出於意氣，而非出於瞭解。出於意氣者，
其解放是暫時的；出於瞭解者，其解放是永久的。

　　《莊子‧至樂》篇說：莊子於其妻始死之時，亦覺慨然，後則
鼓盆而歌。郭象注云：「未明而慨，已達而止。斯所以誨有情者，
將令推至理以遣累也。」此所謂明，所謂達，都是我們上所謂瞭解
之義。對於死所有的悲哀，即是累，亦即《養生主》所說遁天之刑。
天是天然。由生而之死，是順自然，亦即是順天然。有生而不願死，
是欲自天然中逃出，此即所謂遁天。遁天者必受刑，即其於悲哀時

所受之痛苦是也。郭象說：「馳騖於憂樂之境，雖楚戮未加，而性情已困，庸非刑哉？」悲哀時所有的痛苦，亦即是累。若瞭解生必有死的道理，則即可以無累。此所謂「明至理以遣累」也。

　　對於理有瞭解者，則對於事不起情感。對於事不起情感，即不為事所累。對於某事不起情感，即不為某事所累。例如我們於空襲時，雖處很安全的地方，而總不免於怕。此即為空襲所累。確切地說，我們不是為空襲所累，而是為怕空襲所累也。更有人於無警報時，亦常憂慮警報之將來，他的累即更大。他的累不是警報，而是憂慮警報。對於憂慮警報的人，我們可以說，雖警報不來，而「性情已困」矣。

　　對於理有瞭解，而不為事所累者，普通謂之「看得破」。對於某理有瞭解，而不為某事所累者，普通謂之對於某事看得破。對於事看得破，普通謂之達觀；能對於事看得破者，普通謂之達人。此所謂達，均是瞭解之義。

　　照道家的說法，能對於所有的事都看得破，則即可以完全無情。《莊子‧德充符》說：「聖人有人之形，無人之情。」「所謂無情者，不以好惡內傷其身。」好惡可以內傷其身，此即所謂刑也，亦即所謂累也。何晏謂「聖人無喜怒哀樂」，大概即就道家的聖人的此方

面說。我們所須注意者，即此所謂無情，皆是太上忘情，不是其下不及情。

《莊子‧應帝王》說：「聖人之用心若鏡，不將不迎，應而不藏，故能勝物而不傷。」郭象說，用心若鏡，是「鑒物而無情」。普通人對於事未免有情，故有將有迎，而為其所累。為其所累，即為其所傷，如所謂「黯然神傷」是也。例如一個人怕空襲，於未有警報時，常憂慮警報之將至。這種憂慮，即所謂迎。迎者，事未到而預先憂慮也。及警報已解除，而驚魂未定，聞汽車喇叭聲，即以為警報又至，此即所謂將。將，送也，事已去而恐懼之心未去，如送已去之事然。此亦即是所謂藏，藏者留於中也，若對於事有如此的將迎，則必為事所累，所傷。若能用心如鏡，即可如郭象所說：「物來乃鑒，鑒不以心。故雖天下之廣，而無勞神之累。」鑒不以心，即是說鑒物而無情。

不為事所累者，並不是不做事，只是做事而不起情感。我們說不怕空襲，不是說，於空襲時，不盡可能躲避。亦不是說，對於避空襲，不盡可能作準備。只是說，既已盡可能作準備了，既已盡可能躲避了，不必再有無益的恐懼。這無益的恐懼，是最能傷人的。

有人說，空襲不要緊，但是怕空襲的怕，叫人受不了。普通人所受的情之累，都是這些怕之類。

道家的聖人，完全無情，所以無人而不自得。《莊子‧齊物論》說：「至人神矣，大澤焚而不能熱，河漢沍而不能寒，疾雷破山，飄風振海，而不能驚。」正是說此境界。郭象以為，能至此境界的人，可以「應物而不傷」。所以可以「終日揮形，而神氣無變；俯仰萬機，而淡然自若」，此雖或是一不可及的理想，但一個人若能沒有無益的情感，則可少受許多累，多做許多事，這是真的。

我們常說，一個人「沉着氣」或「沉不着氣」。所謂沉不着氣，即其人為一時的情感所制也。如一個人聞警報而張皇失措，我們說他沉不着氣，此即其為恐懼之情所制也。如一人聞一可喜的事，而手舞足蹈，我們說他沉不着氣，此即其為喜之情所制也。公孫丑問孟子：「夫子加齊之卿相，得行道焉，如此則動心否乎？」此即是問，你那時是不是可以沉着氣？孟子說：「我四十不動心。」此即是說，我於四十歲時，即對事能沉着氣了。人如沉不着氣，即不能做事。如沉不着氣，而勉強做事，必出岔子。

郭象說：「終日揮形，而神氣無變；俯仰萬機，而淡然自若。」

這是晉人的一個理想。在晉人中，最近於此理想者，是謝安。史說：苻堅伐晉，「是時秦兵既盛，都下震恐。謝玄入問計於謝安。安夷然答曰：『已別有旨。』既而寂然。安遂命駕出遊山墅。親朋畢集，與玄圍棋賭墅。安棋常劣於玄，是日玄懼，便為敵手，而又不勝」。及淝水戰勝，「謝安得驛書，時方與客圍棋，攝書置床上，了無喜色，圍棋如故。客問之，徐答曰：『小兒輩遂已破賊。』既罷，過戶限，不覺屐齒之折」。謝安處理大事，沒有無益的喜懼。他很能沉着氣，不過「不覺屐齒之折」，也就有點沉不着氣了。

對於事物有瞭解者，能寬容。老子說：「知常容，容乃公。」常者，事物變化所遵循之理也。知常的人，知事物之變化，係遵循一定的理，其如此係不得不然，故對於順我的事物，不特別喜愛，對於逆我的事物，不特別怨恨。此即所謂知常容也。對於順我或逆我的事物，皆無特別的情感，此即所謂容乃公也。人雖是人，而其行為亦係受一定的規律所支配。如環境遺傳等，皆對於一個人的性格行為，有很大的影響。如知一個人的性格行為，係受其環境遺傳等的影響，則對於人可以有很大的寬容。對於順我或逆我的人，皆可無特別的喜愛或怨恨。如此對於任何人，任何事，皆可一秉大公，

對於任何人，任何事，皆無所私。此所謂大公無私。大公無私，是
王者對於萬民的態度，是天地對於萬物的態度，是道對於天地的態
度。所以說：「知常容，容乃公，公乃天，天乃道。」此道理可以
終身行之，所以老子又說：「道乃久，沒身不殆。」

　　老子又說：「是以聖人常善救人，故無棄人，常善救物，故無
棄物，是謂襲明。」老子說：「知常曰明。」襲明者，即知常而依
照此知以行也。知常的人，對於人既皆能容而公，則對於善人固救
之，對於不善人亦救之，故無棄人。對於善物固救之，對於不善物
亦救之，故無棄物。在舊日社會中，人對於犯罪的人，皆特別地怨恨。
舊日的刑法，對罪人取報復主義，「以眼還眼，以牙還牙」。但現
代的法律，則不對罪人取報復主義。依照現代法律的最高理想，
社會應設法感化罪人，使亦歸於善。此即是「善救人」。依舊日的
刑法，「刑人於市，與眾棄之」。依現代法律的最高理想，不但不「與
眾棄之」，而且簡直不棄之。此即所謂「無棄人」。

　　老子又說：「報怨以德。」在表面上看，此與耶教所謂「愛你
的仇敵」者，意義相同。不過老子這一句話的理論的根據，與耶教
不同。知常的人，對於逆我的人，並無特別怨恨，所以待之與順我

的人，並無分別。這並不是所謂弱者的道德，這是對於事物有瞭解
者的道德。老子並不主張：「如有人打你左頰，你把右頰送上去。」
老子並不主張這種「不抵抗主義」。如有人打老子，老子亦當加以
抵抗，不過雖抵抗之而並不恨之。在現代戰爭中，優待俘虜，正與
老子「報怨以德」之義相合。

　　真正瞭解物質史觀或經濟史觀的人，亦可有如此所說的老子的
見解。照他們的看法，人的行為，是為他的經濟的環境所決定的。
一個人若是一個資本家，他為他自己的利益，必須剝削勞工。一個
人若是一個工人，他為他自己的利益，必須反抗資本家。正如「矢
人惟恐不傷人，函人惟恐傷人」。矢人並不是生來即比函人壞，函
人亦並不是生來即比矢人好。他們的所見所行不同，完全是由於他
的經濟環境使然。他們都是人。就其是人說，他們都是一樣的人。
他們的所見所行不同，是因為他們是「什麼樣的人」不同。管家的
太太們在一起，都以她們的老媽子不好為談資。老媽子在一起，都
以她們的太太不好為談資。這都是因為當太太的，與當老媽子的，
利益衝突的關係。矢人與函人，資本家與工人，太太與老媽子，都
是「易地則皆然」。明白了這個道理，則當太太的，雖仍可以監察

她的老媽子，但可以不恨之。當工人的，雖仍可以反抗他們的僱主，但亦可以不恨之。有人說，人必須對於他們的敵人有恨有怒，然後可以打擊他們的敵人。事實上雖或是如此，但不是必須如此。我們於修路的時候，有大石當路，則移去之，或打碎之，並不必要先恨大石。小兒或先恨大石，而後移去之，或打碎之。這是由於他對於大石不瞭解。成人對於人之不瞭解，誠亦有如小兒之不瞭解大石。所以對於不瞭解人的人，往往亦須先引起其對於敵人的恨，然後可使之打擊敵人。

以上說，對於事物有瞭解的人，應付事物，可以自己無情。此即所謂以理化情，或以情從理。從另一方面說，一個人若能循理而動，則別人對之，亦可無情。所謂循理而動者，即是循客觀的道理以做事，而不參以自己的私心。一個人如能如此做事，則別人對之，亦可無情。《莊子·大宗師》說：「故聖人之用兵也，亡國而不失人心。利澤施乎萬世，不為愛人。」郭象注說：「夫白日登天，六合俱照，非愛人而照之也。故聖人之在天下，暖焉若春陽之自和，故蒙澤者不謝；淒乎若秋霜之自降，故凋落者不怨也。」不謝不怨，即別人對之無情也。《莊子·達生》又說：「復仇者不折鏌干。雖

有忮心者，不怨飄瓦。」郭象注說：「干將鏌邪，雖與仇為用，然報仇者不事折之，以其無心。飄落之瓦，雖復中人，人莫之怨者，以其無情。」無心及無情，在這裡意思是一樣。如一個人對於某人做某事，其做某事並不是特意對某人如此，而只是「循理而行」，則此一個人的行為，即是無心無情的行為。此某人對於此一個人，亦不起情感。例如一個法官，一生可以判處許多人以死刑。如他所判，都是依照法律，不得不然的，則被判死刑的人，對於他並不起怨恨之情。但如一個法官，因受賄而判處一人死刑，或此法官向來判處從寬，而獨對此一人從嚴，則此法官對於此人，即是有心置之死地，此法官的行為，即是有心有情的行為，而此人對於此法官，一定要起情感，一定要怨恨之。

以上所說道家的意思，晉人常用之以講佛學。僧肇有《般若無知論》。般若譯言智。僧肇以為聖人「終日知而未嘗知」。「智有窮幽之鑒，而無知焉；神有應會之用，而無慮焉。神無慮，故能獨王於世表；智無知，故能玄照於事外。智雖事外，未始無事；神雖世表，終日域中。所以俯仰順化，應接無窮。無幽不察，而無照功。」「斯則不知而自知，不為而自為矣。復何知哉？復何為哉？」不知

而自知，不為而自為，即是知而無心無情，為而無心無情。此即所
謂「寂而恆照，照而恆寂」。

　　慧遠作《明報應論》，亦云：「若彼我同得，心無兩對，游刃
則泯一玄觀，交兵則莫逆相遇，傷之豈惟無害於神，固亦無生可殺。
此則文殊按劍，跡逆而道順。雖復終日揮戈，措刃無地矣。若然者，
方將托鼓舞以盡神，運干鏚而成化，雖功被猶無賞，何罪罰之有
邪？」照佛家的說法，一切事物，皆由心造。如一人常殺生，或常
有殺生之心，則此人將來，必將轉生為好殺生的畜生，如豺虎狼豹
之屬。這並不是有閻王主宰判罰，而實是他的心思行為所自然引起
的結果。他的心思行為名曰業。心思是意業，行為是身業，還有口
說是口業。不僅只殺生的行為是業，即口說要殺生，心想要殺生，
亦即是業了。業所引起的結果，名曰報，或報應。有業必有報，這
是佛家的定律。但照慧遠所說，則無心無情的行為，可以不招報應。
如一法官，雖判了許多死刑，如一大將，雖殺了許多敵人，但他們
並不是有意於殺生，更不是有意於殺某人的生。所以他們是雖殺而
無殺。所謂「傷之豈惟無害於神，固亦無生可殺」。既是雖殺而無殺，
所以雖殺亦無罪罰。

這是把上所說道家的意思，推廣到極端。莊子及郭象說，無情者無論做何事，皆可以無累。此無累只是就個人的心理情形，或其行為之社會結果說。例如莊子喪妻之「未明而慨，已達而止」，止則無累。此無累是就個人的心理情形說。如飄瓦不為人所怨，不為人所怨則無累。此無累是就其行為之社會結果說。但慧遠所說無報應，則是就宇宙論方面說，所以慧遠所說，是上所說道家的意思的極端的推廣。

以上說道家關於這方面的學說，在這學說中，有些意思，是人人都可以實行的。不過關於聖人完全無情一點，尚有二問題。第一問題是：聖人的完全無情，是不是好的？此所謂好即是可欲的意思。聖人的完全無情，是不是可欲的？我們於上文說，道家的聖人，並不是如槁木死灰。此是說，聖人的無情，是忘情，而不是不及情。這是就其所以無情說。就無情的結果說，聖人的完全無情，亦與槁木死灰不同。聖人於完全無情時，其心理的狀態，莊子以恬愉二字形容之。《莊子・在宥》篇說：「昔堯之治天下也，使天下欣欣焉人樂其性，是不恬也。桀之治天下也，使天下瘁瘁焉人苦其性，是不愉也。人大喜耶？毗於陽；大怒耶？毗於陰。」「使人喜怒失位，

居處無常,思慮不自得,中道不成章。」此所謂樂與苦,喜與怒,都是情,而恬愉不是情,或不是道家所謂情。成玄英說:「恬,靜也;愉,樂也。」愉雖亦可訓為樂,但此樂與與苦相對之樂不同。苦樂喜怒,在我們心中,都是一種強烈的動盪。在這種動盪之中,人不能思想,也不能做事。所謂「思慮不自得,中道不成章」。但恬愉則不是一種動盪,而是一種靜的狀態。有情的人,心中常如波浪起伏。而聖人無情,其心中如無波浪的水。程子說:「聖人心如止水。」正是說此狀態。此狀態是靜的,可以說是恬。此狀態使人有一種靜的樂。此靜的樂即所謂愉。恬愉是可欲的。所以聖人的完全無情,是可欲的。

　　或可說:有些人喜歡有激烈的情感,喜歡心中有特別的動盪。所以有些人特意找強烈的刺激,如開快車,喝烈酒之類。他們都是想在強烈的刺激中,得些強烈的情感。這些人是有的。不過他們的這一種行為,並不能說是合理性的行為。吸鴉片,打嗎啡,都是這一類的行為,其不合理性是顯而易見的。

　　或又可說:喜歡有太激烈的情感,固然是不合理性的,但有情感亦是使人生豐富的一端,恬愉雖亦是可欲的,但人若一生中只是

恬愉，則其一生，亦未免太覺單調。譬如清茶，有與烈酒不同的味，其味亦是可欲的，這是不錯的。但人若一生中只飲清茶，則亦未免太覺清淡。有人因此，對於人生抱悲觀。因為人如有情，則不免為情所累，人若無情，其生活又似乎沒有多大的意味，這一點似乎是一問題，不過如照下文所說，宋明道學家所說的辦法，則此問題即不成問題。

　　第二問題是：完全無情，在事實上是否可能？在中國哲學史中王弼以為是不可能。裴松之《三國志注》謂：「何晏以為聖人無喜怒哀樂，其論甚精。鍾會等述之，弼與不同。」王弼說：「夫明足以尋幽極微，而不能去自然之性。顏子之量，孔父之所預在。然遇之不能無樂，喪之不能無哀。又常狹斯人，以為未能以情從理者也。而今乃知自然之不可革。」「以情從理」，是上所述道家的學說。王弼初亦以為然，後乃以為，情係出於自然之性，是不能完全沒有的，所以雖聖人亦不能無情。不過照王弼的看法，「聖人之情，應物而無累於物」。聖人不是無情，而是有情而不為情所累。道家以有情為累，以無情為無累。王弼以有情而為情所累為累，以有情而不為情所累為無累。這是王弼與原來的道家的大不同處。王弼對於

聖人無情的批評，是很有力的。人之有情，確是出於自然之性。要想完全無情，雖不敢說是一定不能做到，但不是人人皆能做到，這是可以說的。

宋明道學家都主張，聖人有情而不為情所累之說。他們雖不見得是取此說於王弼，其持此說與王弼同，則係事實。照此說，人可以有情而同時不為情所累。此說有道家所說「以理化情」的好處，但沒有上述二問題的困難。

程明道《定性書》說：「天地之常，以其心普萬物而無心；聖人之常，以其情順萬物而無情。故君子之學，莫若廓然而大公，物來而順應。」此亦說無情，不過此所謂無情，並不是道家所說的無情。此所謂無情，是有情而無「我」。亦可說是，雖有情而情非「我」有。

王陽明《傳習錄》：「問有所忿懥一條。先生曰：『忿懥幾件，人心怎能無得？只是不可有耳。凡人忿懥，着了一分意思，便怒得過當，非廓然大公之體了。故有所忿懥，便不得其正也。如今於凡忿懥等件，只是個物來順應，不要着一分意思，便心體廓然大公，得其本體之正了。且如出外見人相鬥，其不是底，我心亦怒。然雖怒，卻此心廓然，不曾動些子氣。如今怒人，亦得如此，方才是正。』」

陽明此所舉之例甚好。我若見一人無緣無故，打別人一個嘴巴，我心中必因此人之恃強欺人而怒。不過此怒，沒有「我」的成分在內，是沒有私意的。因此我的心是廓然大公的。其有怒是「物來順應」，其有情是「情順萬物」。我們說，有情而無「我」，正是說此。這樣的怒，是很容易消失的。於見此事時有怒，但此事已過，我心中即復歸於平靜。如太空中雖一時有浮雲，但浮雲一過，太空仍是空空洞洞的。此即所謂情順萬物「而無情」。如此則雖有情而不為情所累。但如一人無緣無故，打我一個嘴巴，我不但因此人之恃強欺人而怒，而且因為他是打「我」，因此我不但於當時怒，而且對於此人，時常「懷恨在心」，無論什麼時候，想起此人，總想打他一個嘴巴。如此，則我即有「所」怒。「所」怒即打我之人。我所以有「所」怒，即因我於此的怒，有「我」的成分在內，是有私意的。有「我」的成分在內時，我的心即不是廓然大公，而應物亦不是物來順應了。我因時常對於此人「懷恨在心」，想起即怒。此即是不能情順萬物而無情，即有情而為情所累了。如有人打我一個嘴巴，而我的心境，亦能如看此人打別人時所有的心境，則當時雖有怒，當時雖亦可還他一個嘴巴，但事後，我的心即仍歸平靜。如此則雖

有怒而不為怒所累。

　《定性書》又說：「聖人之喜，以物之當喜。聖人之怒，以物之當怒。是聖人之喜怒，不繫於心而繫於物也。」如見一人，無緣無故，打別人一嘴巴，而我怒，此怒之有，是因物之當怒，此怒是繫於物。但如別人打我一嘴巴，我時常懷恨在心，此恨即是繫於心了。聖人之喜怒，不繫於心而繫於物，所以聖人不遷怒。遷怒者，即因怒此物而及彼物。如一人因一事發怒，而摔茶碗，罵聽差，即是遷怒。孔子說：顏回「不遷怒，不貳過」。宋儒認為，不遷怒是顏回幾於聖人的表現。伊川《語錄》：「問：『不遷怒，不貳過，何也？《語錄》有怒甲不遷乙之說，是否？』曰：『是。』曰：『若此則甚易，何待顏氏而後能？』曰：『只被說得粗了，諸君便道易。此莫是最難？須是理會得因何不遷怒？如舜之誅四凶，怒在四凶，舜何與焉？蓋因是人有可怒之事而怒之，聖人之心，本無怒也。譬如明鏡，好物來時，便見是好；惡物來時，便見是惡。鏡何嘗有好惡也？世之人固有怒於室而色於市。且如怒一人，對那人說話，能無怒色否？有能怒一人而不怒別人者，能忍得如此，已是煞知義理。若聖人因物而未嘗有怒，此莫是甚難？君子役物，小人役於物。今

人見有可喜可怒之事，自家着一分陪奉他，此亦勞矣。聖人心如止水。』」若能因物之可怒而怒之，可以不遷怒，這是不錯的。但如謂，因能因物之可怒而怒之，則雖有怒，而無怒，則其說恐有困難。陽明亦說，忿懥等不能無，而卻不可有；亦是伊川此說。此說雖用明鏡之喻，但其喻是不恰當的。因明鏡本身不能有喜怒，而人則能有喜怒，所以不可相提並論。如說，見四凶之可怒而「去」之，聖人本無怒，此是可說的，而亦即是道家所說者。如說，見四凶之可怒而「怒」之，聖人本無怒，此本無怒，如無別的意思，則這一句話恐怕是不通的。若欲這一句話講得通，此無怒須解為無「所」怒。朱子《語錄》云：「問：『聖人恐無怒容否？』曰：『怎生無怒容？合當怒時，必亦形於色。如要去治那人之罪，自為笑容，則不可。』曰：『如此則恐涉及忿怒之氣否。』曰：『天之怒，雷霆亦震。舜誅四凶，當其時亦須怒。但當怒而怒，便中節，事過便消了，更不積。』」黃榦云：「未怒之前，鑒空衡平。既怒之後，冰消霧釋。」如此的怒，正是有怒而無「所」怒。

有怒而無「所」怒，則其怒即無所着。如一人無緣無故打我一嘴巴，我因而怒，並時常對此人懷恨。此即有「所」怒，此怒即有

所着。此人打我一嘴巴之事，是隨時即成過去，而此人則不能隨時即成過去。所以此人如成為我之「所」怒，我之怒如着在此人身上，則此事雖過，而我心中亦常留一怒，如此則我的怒即不能「冰消霧釋」，而我的心亦不能如「鑒空衡平」矣。伊川說：「罪己責躬不可無，但亦不當長在心胸為悔。」朱子亦說：「既知悔時，第二次莫恁地便了。不消得常常放在心下。」悔過本是好事，但既悔過，改之可矣。若心中長存一悔，即是有「所」悔，其悔即是有所着。有所着之悔亦是累。

照以上所說，可知如能有情而無「我」，則雖有情而不為情所累。程子說：「人能放這一個身，公共放在天地萬物中，一般看。則有甚妨礙？」能把自己放在天地萬物中，與萬物一般看，則「我」的成分，可以去掉。一人打我一嘴巴時，我的心境，正如我看此人打別人一嘴巴。如此則我雖有怒，而不為怒所累。

伊川又說：「忿懥，怒也。治怒為難，治懼亦難。克己所以治怒，明理所以治懼。」克己即去所謂「我」的成分也。其實明理亦可以治怒，克己亦可以治懼。此於上所說道家學說中可見之。「知常容。」此明理可以治怒也。「天下之大患，為吾有身，及吾無身，吾有何

患？」此克己可以治懼也。

　　無「我」的成分之怒，不至於使人心理上起非常劇烈的變化。有些人於生氣時，可以氣得渾身打戰，滿臉發青。這怒總是有「我」的成分在內。一個人在街上，看見不平的事，雖亦怒，但「事不干己」，決不至於怒到這種地步。「事不干己」的怒，並不使一個人，在整個的心理及生理方面，有非常劇烈的變化。程子所謂無情，所謂聖人心如止水，大概是就此點說。情之使人在整個的心理及生理方面，起非常劇烈的變化者，如把一池清水，從底攪起。不如此劇烈的情，則對於人心，如水上起了些波紋。在這種情形下，人還是能沉着氣的。陽明所說「不動些子氣」，大概亦是就沉着氣說。在這種情形下，有情雖亦是動，而仍不害心如止水。由此方面，程明道說：「動亦定，靜亦定。」

　　心不可有所着，對事說亦是如此。朱子《語錄》謂：「李德之問：『明道因修橋尋長梁，後每見林木之佳者，必起計度之心。因語學者，心不可有一事。某竊謂：凡事須思而後通，安可謂心不可有一事？』曰：『事如何不思？但事過則不留於心可也。明道肚裡有一條梁。不知今人有幾條梁柱在肚裡。佛家有留注想。水本流將去，有些滲

漏處便留滯。』」事過而不留,即是心對於事無所着。心中之事,
過而不留,所以心常能如鑒之空。大概能擔當大事的人,都必須能
如此。例如一個當大首領的人,每天不知要辦多少事。如事已過者,
都還要留在心裡,他即沒有餘力去辦方來的事了。有些人因為對於
有些未來的事,放心不下,或對於過去的事,追悔不已,以致寢食
不安。若當大首領的人,亦是如此,他不但不能辦事,恐怕他的性命,
亦不能長保。所以即就做事方面說,心對於事亦須無所着。

# 第七篇　致中和

　　「致中和」三個字出於《中庸》。《中庸》說：「喜怒哀樂之未發，謂之中；發而皆中節，謂之和。致中和，天地位焉，萬物育焉。」在宋明道學中，這幾句《中庸》引起了很大的討論。程明道說：「天地之常，以其心普萬物而無心；聖人之常，以其情順萬物而無情。故君子之學，莫若廓然而大公，物來而順應。」聖人的心，如明鏡，如止水，是廓然大公的。因為它是廓然大公的，所以亦無所偏倚，無所偏倚謂之中。因為它無所偏倚，所以遇到事物，當喜即喜，當怒即怒，當哀即哀，當樂即樂，此即所謂發而皆中節，此即謂之和。朱子說：「喜怒哀樂，各有攸當，方其未發，渾然在中，無所偏倚，故謂之中。及其發而皆得其當，無所乖戾，故謂之和。」此所謂中的意義，是無所偏倚，不是無過不及。已發的喜怒哀樂，可有過或不及，而此所謂中，是「未發」，所以不但無過不及，且亦無無過不及可說。未發已發，後亦成為宋明道學家所常用的名詞。他們又常引《易・繫辭》「寂然不動，感而遂通」之語。聖人的心，未發時如明鏡止水，是「寂然不動」；已發時，喜怒哀樂，各得其當，是「感而遂通」。

　　以上是宋明道學家對於《中庸》裡「中和」二字的解釋。我們

於此篇所說的中和,與宋明道學家所說者不同,或與《中庸》所說者亦不盡同,不過我們於此篇所說的中和,確是中國思想中兩個重要的觀念。

和與同不同。《國語・鄭語》引史伯云:「夫和實生物,同則不繼。以他平他謂之和,故能豐長而物歸之。若以同裨同,盡乃棄矣。」「以他平他謂之和」,如以鹹味加酸味,即另得一味。酸為鹹之「他」,鹹為酸之「他」,以「他」平「他」,即能另得一味,此所謂「和實生物」。鹹與鹹是同,若以鹹味加鹹味,則所得仍是鹹味。此所謂「以同裨同」,「同則不繼」也。推之,若只一種聲音,則無論如何重複之,亦不能成音樂。若只一種顏色,則無論如何重複之,亦不能成文采。必以其「他」濟之,方能有成。

《左傳》昭公二十年引齊侯問晏子云:「和與同異乎?」晏子對曰:「異。和如羹焉。水,火,醯,醢,鹽,梅,以烹魚肉,燀之以薪,宰夫和之,齊之以味,濟其不及,以洩其過。……若以水濟水,誰能食之?若琴瑟之專一,誰能聽之?同之不可也如是。」此又提出過、不及二觀念。不同的原素,合在一起,可以另成一物。但合成此物之不同的原素,必須各恰如其份量,不可太多,亦不可

太少。若太多或太少，則即不能成為此物。不太多，不太少，即是無過不及。無過不及即是中。所以說和必須兼說中。此所說或不是晏子的本意，但說和必須兼說中，這是一定的。

以上所說，可以說是有現在所謂辯證法的意思。甲的「他」是非甲。甲與非甲合，能成為乙。此可以說是相反相成，由矛盾到統一。成為乙之甲與非甲，必各恰如其份量，不多不少。甲或非甲，若有一太少，則不成為乙，若有一太多，亦不能成為乙。甲及非甲的量變，可以造成其所成的物的質變。此可以說是由量變到質變。

一個人的生理的心理的要求，是多方面的。這各方面的要求，都要於相當程度內得到滿足，然後一個人才能保持一個健全的身體，健全的人格。有許多生理的或心理的疾病，都是由於人的某方面的生理的或心理的要求，太被壓抑所致。這是我們所都知道的。人的生理的或心理的要求，怎樣算是「於相當程度內，得到滿足」呢？怎樣的滿足，算是在相當程度內？又怎樣的滿足，算是超過相當程度呢？一種生理的或心理的要求的滿足，若達到一種程度，以致與別種生理的或心理的要求發生衝突，此即是此種要求的滿足，超過相當程度。超過相當程度，即是太過。若此種要求的滿足，尚未達

到此程度，而即受壓抑，或此種要求，根本即未得任何滿足，此即是此種要求的滿足，未達到相當程度。未達到相當程度，即是不及。此種要求的滿足，若到一恰好的程度，既不與別種要求衝突，亦不受不必要的壓抑，無太過亦無不及，則其滿足即是得中，即是中節。

　　例如，對於有些人，喝酒是一個很強烈的要求。在普通的情形中，一個人喝酒，若至一種程度，以致其身體的健康，大受妨礙，則其喝酒即為太過。若其喝酒，有一定的限度，並不妨礙其身體的健康，而卻因別種關係（例如美國政府行禁酒律之類），而不喝酒，則其喝酒的要求，即受到不必要的壓抑。如此則其喝酒的要求的滿足，即是不及。此所謂不必要，是對於此人的本身說；此所謂不及，亦是對於此人的本身說。喝酒的過或不及，本都是因人而異的。若一個人喝酒，只喝到恰好的程度，既不妨礙他的身體的健康，亦不使其喝酒的要求，受不必要的壓抑，則其滿足即是得中，即是中節。

　　若一個人的各方面的生理的及心理的要求，都是這樣中節，都各得到相當的滿足，而又都各不相衝突，這種狀態，即謂之和。一個人在生理方面，若得到和，則即可有一健康的身體；在心理方面，若得到和，則即可有一健全的人格。舊日謂人有病，為「身體違和」。

這句話是很有道理的。

一個健康的身體，健全的人格，都可以說一個和。這和中有許多不同的原素。這些原素，在其適當的份量下，是「相成」的。但若一過了適當的份量，則即「相反」了。若其相反，則和即沒有了。例如在普通情形下，一個人一頓吃三碗飯，是有益於他的健康的，但若他一頓吃十碗飯，則不但不能有益於他的健康，而且有害於他的健康了。飯的增加，對於他的健康說，是由量變到質變。各種要求的滿足，在恰好處是中，不到恰好處，或超過恰好處，是過或不及。這其間亦有由量變到質變的情形。

或可問：本書第一篇說尊理性，豈非教人使理性壓抑其他各方面的生理的、心理的要求？於此我們說：理性的功用，並不是壓抑其他各方面的生理的、心理的要求，而是指導，或節制那些要求，使其滿足，無過不及。我們說，有道德的理性，有理智的理性。先就理智的理性說，其功用是如上所說，是顯而易見的。一個人要喝酒，到哪裡去喝酒，用什麼方法去買酒，這都是要靠理性的指導。喝多少不至於妨害身體，妨害事業，這亦要靠理性的節制。如果一個人喝十杯酒，可以得到快樂，而不至於妨害身體，妨害事業，理

性對於這種滿足,只有贊助,決不禁止。所以孔夫子亦說:「惟酒無量,不及亂。」

我們於以上說人的生理的、心理的要求的衝突,只是就一個人的本身說。就社會方面說,一個人的生理的或心理的要求,亦可以與別人的生理的或心理的要求相衝突。道德的規律,對於人的要求,制定一個界限,使人與人不相衝突。就這一方面說,則人的生理的,心理的要求,合乎此界限者,是合乎中,是中節。其超乎此界限者,是太過,不及此界限者,是不及。《詩序》有幾句話,說:「發乎情,止乎禮義。發乎情,人之性也;止乎禮義,先王之澤也。」「發乎情」是就人的各方面的生理的心理的要求說,「止乎禮義」是就道德的規律說。發乎情是人之性,止乎禮義是社會的制裁。社會中的人,每人都多少如此行,每人都應該完全如此行。所謂道德的理性的功用,即在於使人知道這些界限,使人的各方面的生理的心理的要求,都合乎這方面的中。

一個社會中的人的各方面的生理的、心理的要求,如皆合乎這方面的中,則這個社會,即是一個健全的社會。一個健全的社會,亦可以說是一個和。在這一方面,各人的各方面的生理的、心理的

要求，亦有相反相成，由量變到質變的情形。

　　人的生理的、心理的要求的滿足，在其本身看，是合乎中者，但在社會方面看，不一定是合乎中，而或者是太過，或者是不及。如其是太過，則社會必須制裁之，其個人的道德的理性，亦應制裁之。因此，常有些人的生理的或心理的要求，受到壓抑。這壓抑，就這些人的本身方面看，是不必要的。但在社會方面看，則是必要的。這一點常引起許多思想上的混亂。有些人常把這兩方面的必要或不必要弄混，以為在一方面是必要或不必要者，在其他方面，亦是必要或不必要。這「以為」是完全錯誤的。

　　例如一個人的所謂領袖欲特別強，但他的才能，都很不配當領袖。就他本身方面看，他的這欲若得不到相當的滿足，他或者要瘋。在其個人方面看，他的領袖欲的相當滿足是合乎中，但在社會方面看，他的領袖欲的相當滿足是太過。在這種情形下，社會只能向他說：你的才能，不能當領袖，你若因不能當領袖而瘋，我們只好把你送入瘋人院。社會的這種辦法，我們不能說它有什麼錯誤。

　　在社會方面看，「發乎情」而不能「止乎禮義」的要求，是應該制裁的。這種要求，宋明道學家謂之欲，或私欲，或人欲。他們

說欲是惡的。這是一定不錯的,因為所謂欲者,照定義是超過道德的規律的要求,照定義它即是惡的。所以說欲是惡,實等於說,凡是不道德的是不道德的。但後來反道學的人,如戴東原等,常說:人的生理的、心理的要求是不可,亦不應該壓抑的,而宋明道學家卻專愛壓抑之。所以宋明道學家是「以理殺人」,太不講人道。這種辯論,不是誤解了宋明道學家所謂欲的意義,即是陷入上所說思想上的混亂。

我們於以上說中和,是就一個人的本身說,或是就一個社會中的各個人對於社會及別個人的關係說。若就一個社會中的各種人對於社會及別種人的關係說,則亦有中和可說。此所說社會中的各種人,指社會中的操各種職業的人說。例如當學校教員的人,做生意的人,等等,皆此所謂各種人。舊說「七十二行,行行出狀元」。各行的人,即此所謂各種人。此各種人中,每種人皆有他們對於社會的權利及職份,及對於別種人的權利及職份。在普通的情形中,人對於求權利,總易偏於太過,而對於盡職份,則總易偏於不及。社會中的各種人亦是如此。他們對於要權利總易偏於太過,對於盡職份,總易偏於不及。此所謂過或不及,又是以什麼為標準呢?各

種人要他們的權利，有一個界限，過了這界限即與社會中的別種人的權利，發生衝突或妨礙。這個限度，即是中，合乎這個限度的，即是得中，即是中節，超乎這個限度的，即是太過。每種人盡他們的職份，亦有一個界限，如不到這個界限，則即不能滿足社會對於這一種事的需要。這個限度即是中，合乎這個限度的即是得中，即是中節，不及這個限度的，即是不及。如果一個社會中的各種人，要權利，盡職份，皆合乎中，則此社會，即得到和。一個社會，不是只一種人所能組織成的。它需要許多種不同的人。它需要「異」。這些異，就其是異說，是「相反」。但他們都合在一起，方能組織成社會。就其合在一起說，是「相成」。他們的相成，靠他們的要權利，盡職份，都合乎中，以構成一個和。

或可說，這一種說法，是社會上統治階級所用以壓制被壓迫階級者。照資本家的說法，資本階級及勞工階級，都是社會，至少是社會的經濟方面所必需的。這兩個階級，應該互相幫助，而不應互相仇視。從前亞力士多德，對於希臘的奴隸制度，亦有類此的辯護。他說：有些人是天生只能做工具的，有些人是天生能用工具的。能用工具的做主人，只能做工具的做奴隸，這是最合乎天然的。在中

國,孟子對於當時的貴族政治,亦有類此的辯論。孟子說:「有大
人之事,有小人之事。」「或勞心,或勞力。勞心者治人,勞力者
治於人。治於人者食人,治人者食於人。天下之通義也。」照這個
「通義」推下去,則社會中有一類的人永遠是「治於人」而「食人」
者,有一類的人永遠是「治人」而「食於人」者。前者是被統治階級,
後者是統治階級。統治階級,永遠用這一套理論,麻醉被統治者,
使他們於被統治外,還要心悅誠服地讚頌統治者的聖德神功。現在
我們講這一套理論,恐怕對於統治階級,有「助桀為虐」的嫌疑。

　　於此我們說,我們所謂各種人,並不是指階級說。在有階級
的社會制度裡,其政治的或經濟的制度,使有些人,子子孫孫都在
某階級裡,使又有些人,子子孫孫都在另一階級裡。在奴隸社會中
奴隸世代是奴隸,主人世代是主人。在貴族政治裡,平民世代是平
民,貴族世代是貴族。即在資本主義的社會裡,在政治法律方面看,
對於勞工之成為資本家,固然沒有限制,但在經濟方面看,則勞工
之成為資本家,若不是完全地不可能,亦是僅次於不可能。一個人
當了勞工,他子孫還是當勞工的機會,不是百分之百亦是百分之
九十九。但我們於上文所說,社會上的各種人,則不是如此。一個

人如已當了三十年的教員，大概他不大容易改行。但是他的兒子則是可以隨便入別的什麼行的。對於一個社會說，這些各種人必須有。一個社會必須這些各種人構成。這些各種人，要權利，盡職份，都必須合乎中，以得到和。任何社會都多少是如此，都應該完全如此，不管一個社會是什麼種的社會。有階級的社會是如此，無階級的社會亦是如此。

因為中和的道理是通用於任何種的社會，所以有階級的社會亦引用它以維持其階級制度。但這引用是錯誤的。因照這個道理，社會所必需要的是各種人，而不是各階級。一個社會之是有階級的社會，是客觀的「勢」所決定。在此種勢下，有些種人，固必須成為某階級，但如此種勢已去，一個社會可以成為無階級的社會時，而為某階級之某種人，仍欲維持其階級，則此種人所要之權利，即是太過，不合乎中。他們要權利太過，超過了中，則不但不能得到和，而且有害於和。

例如執掌政權的人，本亦是社會上的一種人。但在某種「勢」下，這種人成了世襲的，因此即成了一種階級。在這種勢下，這種制度，是一個社會所必需的。但如此種勢已去，一個社會可以不需

要世襲的政治上的統治階級，而在此階級裡的人，仍要維持他們的權利，則他們的要權利即為太過。社會中的別種人，對於他們的太過的要求，當然可以，而且應該制裁。這種制裁，如果是以暴力出之，即所謂革命。

照以上所說，我們可知，我們於此篇所說的道理，不能為所謂統治階級所引用，以麻醉被統治的階級。事實上確有人如此地引用，但如此的引用是錯誤的。

「致中和」應用在政治社會哲學方面，即是民治主義。《中庸》說：「萬物並育而不相害，道並行而不相悖。小德川流，大德敦化，此天地之所以為大也。」在一個民治主義的社會裡，人的生活，即有這種情形。我們可以說：「此民治主義之所以為大也。」在民治主義的社會裡，在不妨礙別人的自由的範圍裡，一個人的生活，可以完全地自由。這個範圍的界限，即是我們於上文所說中的界限。不到這個界限者謂之不及，超過這個界限者謂之太過，合乎這個界限者謂之得中，謂之中節。就社會中的各種人說，亦是如此。社會中各個人，及各種人，行為俱中節，則社會即是一大和。大和即是舊說所謂太和。這種社會所寶貴的是異而不是同。合許多中節的異，

以成一大和。這個大和，是社會的理想的境界，人類的社會，是向着這個理想改進的。

　　還有所謂國際主義與民族主義的問題。有些人以為，如果國際主義成功了，則各民族的特色，必定都不能存在。這「以為」是錯誤的。如果真正的國際主義成功了，在所謂大同世界中，各民族的異，不但依舊存在，而且大家還要特別尊重其存在。在所謂大同世界中，各個人的異，各民族的異，都存在，而且大家都還特別尊重其存在。不過這許多的異，都是中節的異。合這許多中節的異，以成一大和。這大和即所謂大同世界。大同並不是同，而是所謂太和。

　　這已是一很高的境界了。但於此境界之上，還有宋明道學家所謂「萬物各得其所」或「無一物不得其所」的境界。此境界亦是一太和。不過此太和不僅包括所有的人，而且包括所有的物。物得其所是幸福的，例如一人有快樂幸福，我們說他是「得其所哉」。這是「得其所」的確切意義。萬物「各」得「其」所，「各」字「其」字表示出「萬物並育而不相害，道並行而不相悖」，「和而不同」的意思。這種境界，是「致中和」的極則。所以說：「致中和，天地位焉，萬物育焉。」

# 第八篇　勵勤儉

　　一般人說到勤儉，大概都是就一個人的生活的經濟方面說。《大學》說：「生財有大道。生之者眾，食之者寡，為之者疾，用之者舒，則財恆足矣。」就一個社會的生財之道說，是如此。就一個人的生財之道說，亦是如此。就一個人的生財之道說，「為之疾」是勤，「用之舒」是儉。一個人能發大財與否，一部分是靠運氣，但一個人若能勤儉，則成一個小康之家，大概是不成問題的。

　　一般人對於勤儉的瞭解，雖是如此，但勤儉的意義則不僅止於此。例如我們常聽說：「勤能補拙，儉以養廉。」這兩句中，所謂儉，雖亦可說是就人的生活的經濟方面說，但此說儉注重在「養廉」，所以「儉以養廉」這一句話所注重者，是人的生活的道德方面。此句話所注重者是一個人的「廉」，並不是一個人的溫飽。至於這兩句話中所謂勤，不是就人的生活的經濟方面說，至少不是專就此方面說，則是顯然的。

　　這兩句話，是舊說的老格言，又是現在的新標語。勤怎麼能補拙呢？西洋寓言裡說：有一兔子與烏龜競走。兔子先走一程，回頭見烏龜落後很遠，以為斷趕不上，遂睡了一覺。及醒，則烏龜已先到目的地了。烏龜走路的速度，比兔子差得很遠，就這方面說，烏

龜是拙。但它雖拙,而仍能走過兔子者,因兔子走路,中途休息,而烏龜則不休息也,此即是「勤能補拙」。《中庸》說:「人一能之,己百之;人十能之,己千之。果能此道矣,雖愚必明,雖柔必強。」此所說,亦是「勤能補拙」的意思。這當然不是就人的生活的經濟方面說,至少不是專就此方面說。我們於第三篇《為無為》中,說到才與學的分別。就「學」說,勤確是可以補拙的。

就儉以養廉說,我們常看見有許多人,平日異常奢侈,一旦錢不夠用,便以飢寒所迫為辭,做不道德的事。專從道德的觀點看,「餓死事小,失節事大」,「飢寒所迫」並不能作為做不道德的事的藉口。但事實上,經濟上的壓迫,常是一個使人做不道德的事的原因。不取不義之財謂之廉。人受經濟壓迫的時候,最容易不廉。一個人能儉,則可使其生活不易於受經濟的壓迫。生活不受經濟的壓迫者,雖不必即能廉,但在他的生活中,使他可以不廉的原因,至少少了一個。所以說:儉可以養廉。朱子說:「呂舍人詩云:『逢人即有求,所以百事非。』某觀今人不能咬菜根,而至於違其本心者眾矣,可不戒哉。」儉以養廉,正是朱子此所說之意。

由上所說,可知這兩句老格言,新標語,是有道理的。不過勤

儉的意義，還不止於此。我們於本篇所講的勤儉是勤儉的進一步的意義。此進一步的意義，亦是古人所常說的，並不是我們所新發現的。

在說此進一步的意義以前，我們對於勤能補拙這一句話，還想作一點補充的說明。勤能補拙這一句話雖好，但它有時或可使人誤會，以為只拙者需勤以補其拙，如巧者則無需乎此。不管說這一句話者的原意如何，事實上沒有人不勤而能成大功，立大名的。無論古今中外，凡在某一方面成大功，立大名的人，都是在某一方面勤於工作的人。一個在某方面勤於工作的人，不一定在某方面即有成，但不在某方面勤於工作的人，決不能在某方面有成。此即是說，在某方面勤於工作，雖不是在某方面有成的充足條件，而卻是其必要條件。有人說：一個人的成功，要靠「九分汗下，一分神來」。九分汗下即指勤說。

我們於以上說「某方面」，因為往往一個人可以於某方面勤，而於別方面不勤。一個詩人往往蓬頭垢面，人皆以他為懶，但他於作詩必須甚勤。李長吉作詩，「嘔出心肝」。杜工部作詩，「語不驚人死不休」。他們都是勤於作詩，勤於作詩者，不必能成為大詩人，但不勤於作詩者，必不能成為大詩人。

對於某方面的工作不勤者，不能成為在某方面有成就的人。對於人的整個的生活不勤者，不能有完全的生活。所謂完全的生活者，即最合乎理性的生活，如我們於《緒論》中所說者。用勤以得到完全的生活；我們所謂勤的進一步的意義，即是指此。

古人說：「民生在勤。」又說：「戶樞不蠹，流水不腐。」現在我們亦都知道，人身體的器官，若經過相當時間不用，會失去它原有的功用。一個健康的人，有一月完全不用他的腿，他走路便會發生問題。維持一個人的身體的健康，他每日必須有相當的運動。這是衛生的常識。所謂「民生在勤」的話，以及「戶樞不蠹，流水不腐」的比喻，應用在這方面，是很恰當的。

我們可以從身體方面說勤，亦可從精神方面說勤。《易》乾卦象辭說：「天行健，君子以自強不息。」《中庸》說：「至誠無息。」又說：「誠者，天之道也；誠之者，人之道也。」天之道是「至誠無息」，人之道是「自強不息」。這些話可以說是，從精神方面說勤。無息或不息是勤之至。關於這一點，我們於此只說這幾句話，其詳俟於下篇《存誠敬》中細說。

就人的精神方面說，勤能使人的生活的內容更豐富，更充實。

什麼是人的生活的內容？人的生活的內容是活動。譬如一個人有百萬之富，這一百萬只是一百萬金錢、銀錢或銅錢，並不能成為這一個人的生活的內容。若何得來這些錢，若何用這些錢，這些活動，方是這一個人的生活的內容。又如一個人有一百萬冊書。這一百萬冊書，只是一百萬冊書，並不能成為這一個人的生活的內容。若何得這些書，若何讀這些書，這些活動，方是這一個人的生活的內容。我們可以說，只有是一個人的生活的內容者，才真正是他自己的。一個守財奴，只把錢存在地窖裡或銀行裡，而不用它；一個藏書家，只把書放在書庫裡，而不讀它。這些錢，這些書，與這些人，「爾為爾，我為我」，實在是沒有多大的關係。有一笑話謂：一窮人向一富人說：我們二人是一樣的窮。富人驚問何故。窮人說，我一個錢不用，你亦一個錢不用，豈非一樣？此雖笑談，亦有至理。

　　人的生活的內容即是人的活動，則人的一生中，活動愈多者，其生活即愈豐富，愈充實。勤人的活動比懶人多，故勤人的生活內容，比懶人的易於豐富、充實。《易傳》說：「天行健。」又說：「富有之謂大業，日新之謂盛德。」「富有」及「日新」，都是「不息」的成就。一個人若「自強不息」，則不斷地有新活動。「不斷

地」有新活動，即是其「富有」；不斷地有「新」活動，即是其「日新」。有人說，我們算人的壽命，不應該專在時間方面注意。譬如有一個人，活了一百歲，但每日，除了吃飯睡覺外，不做一事。一個人做了許多事，但只活了五十歲。若專就時間算，活一百歲者，比活五十歲者，其壽命長了一倍。但若把他們的一生的事業，排列起來，以其排列的長短，作為其壽命的長短，則此活五十歲者的壽命，比活一百歲者的壽命長得多。我們讀歷史，或小說，有時連讀數十頁，而就時間說，則只是數日或數小時之事。有時，「一夕無話」，只四字便把一夜過去。「有話即長，無話即短。」小說家所常用的這一句話，我們可用以說人的壽命。

對於壽命的這種看法，在人的主觀感覺方面，亦是有根據的。在很短的時間內，如有很多的事，我們往往覺其似乎是很長。譬如自七七事變以來，我們經過了許多大事，再想起「七七」以前的事，往往有「恍如隔世」之感，但就時間說，不過是二年餘而已。數年前，我在北平，被逮押赴保定，次日即回北平。家人友人，奔走營救者，二日間經事甚多，皆云，彷彿若過一年。我對他們說，「洞中方七日，世上幾千年」。此雖一時雋語，然亦有至理。所謂神仙者，如其有

之，深處洞中，不與人事，雖過了許多年，但在事實上及他的主觀感覺上，都是「一夕無話」，所以世上雖有千年，而對於他只是七日。作這兩句詩者，本欲就時間方面，以說仙家的日月之長，但我們卻可以此就生活的內容方面，以說仙家的日月之短。就此方面看，一個人若遁跡巖穴，不聞問世事，以求長生，即使其可得長生，這種長生亦是沒有多大意思的。

普通所謂儉，是就人的用度方面說。於此有一點我們須特別注意的，即是儉的相對性。在有些情形下，勤當然亦有相對性。譬如大病初癒的人，雖能做事，但仍需要相當休息。在別人，每天做八個鐘頭的事算是勤，但對於他，則或者只做六個鐘頭已算是勤了。不過在普通情形下，我們所謂勤的標準，是相當一定的。但所謂儉的標準，雖在普通情形下，亦是很不一定。一個富人，照新生活的規定，用十二元一桌的酒席請客，是儉，但對於一個窮人，這已經是奢了。又譬如國家有正式的宴會，款待外賓，若只用十二元一桌的酒席，則又是嗇了。由此可見，所謂儉的標準，是因人因事而異的。所以照舊說，儉必需中禮，在每一種情形下，我們用錢，都有一個適當的標準。合乎這個標準，不多不少，是儉。超乎這個標準是奢，

是侈，不及這個標準是嗇，是吝，是慳。不及標準的儉，即所謂「儉
不中禮」。不中禮的儉，嚴格地說，即不是儉，而是嗇了。不過怎
麼樣才算「中禮」，才算合乎標準，在有些情形下，是很不容易決
定的。在這些情形下，我們用錢，寧可使其不及，不可使其太過。
因為一般人的在這方面的天然的趨向，大概是易於偏向太過的方面，
而我們的生活，「由儉趨奢易，由奢入儉難」。失之於不及方面，
尚容易改正。失之於太過方面，若成習慣，即不容易改正了。所以
孔子說：「禮與其奢也，寧儉。」此所謂儉，是不及標準的儉。

儉固然是以節省為主，但並不是不適當的節省。一個國家用錢，
尤不能為節省而節省。我們經過安南，看見他們的舊文廟，其狹隘
卑小，使我們回想我們的北平，愈見其偉大宏麗。漢人的《兩都賦》、
《二京賦》一類的作品，盛誇當時的宮室，以為可以「隆上都而觀
萬國」。唐詩又說：「不睹皇居壯，安知天子尊。」這些話都是很
有道理的。不明白這些道理，而專以土階茅茨為儉者，都是「儉不
中禮」。

人不但須知如何能有錢，而並且須知如何能用錢。有錢的人，
有錢而不用謂之吝，大量用錢而不得其當謂之奢，大量用錢而得其

當謂之豪。我們常說豪奢，豪與奢連文則一義，但如分別說，則豪與奢不同。我們於上文說，用錢超過適當的標準，謂之奢；用錢合乎適當的標準，謂之儉。不過普通說儉，總有節省的意思，所以如有大量的用錢，雖合乎適當的標準，而在一般人的眼光中，又似乎是不節省者，則謂之豪。奢是與儉相衝突的，而豪則不是。奢的人必不能節省，但豪的人則並不必不能節省。史說：范純仁往姑蘇取麥五百斛。路遇石曼卿，三喪未葬，無法可施，范純仁即以麥舟與之。這可以說是豪舉。但范純仁卻是很能儉的人。史稱其布衣至宰相，廉儉如一。他又告人：「惟儉可以養廉，惟恕可以成德。」這可見儉與豪是不衝突的。

以上說儉，是就用度方面說。此雖是普通所謂儉的意義，但我們於本篇所謂儉，則並不限於此。我們於以下，再說儉的進一步的意義。

《老子》說：「吾有三寶，持而寶之。一曰慈，二曰儉，三曰不敢為天下先。慈故能勇，儉故能廣，不敢為天下先，故能成器長。」《老子》又說：「治人事天莫如嗇。夫惟嗇是以早服，早服是謂重積德。重積德則無不克。無不克則莫知其極。莫知其極，可以有國。

有國之母，可以長久。是謂深根固柢，長生久視之道。」朱子說：「老子之學，謙沖儉嗇，全不肯役精神。早服是謂重積德者，言早已有所積，復養以嗇，是又加積之也。若待其已損而後養，則養之方足以補其所損，不得謂之重積矣。所以貴早服者，早覺其未損而嗇之也。」此所謂儉，所謂嗇，當然不是普通所謂儉，所謂嗇。然亦非全不是普通所謂儉，所謂嗇。

　　普通所謂儉，是節省的意思，所謂嗇，是過於節省的意思。在養生方面，我們用我們的身體或精神，總要叫它有個「有餘不盡」之意。這並不是「全不肯役精神」，不過不用之太過而已。道家以為「神太勞則竭，形太勞則弊」。神是精神，形是身體。我們用身體或精神太過，則至於「難乎為繼」的地步。所以我們做事要盡力，但不可盡到「力竭聲嘶」的地步。這樣的盡力是不可以長久的。《老子》所講的做事方法，都是可以長久的，所以《老子》常說「可以長久」。《老子》說：「企者不立，跨者不行。」又說：「飄風不終朝，驟雨不終日。孰為此者？天地。天地尚不能久，而況於人乎？」一個人用腳尖站地，固然是可以看得遠些；開跑步走，固然是可以走得快些，但這是不可久的。其不可久正如「天地」的飄風驟雨，

雖來勢兇猛，但亦是不能持久的。

《老子》所講的做事方法，都是所謂「細水長流」的方法。會上山的人，在上山的時候，總是一步一步地，慢慢走上去，如是他可常走不覺累。不會上山的人，初上山時走得很快，但是不久即「氣喘如牛」，不能行動了。又如我們在學校裡用功，不會用功的人，平日不預備功課，到考時格外加緊預備，或至終夜不睡，而得不到好成績。會用功的人，在平時每日將功課辦好，到考時並不必格外努力，而自然得到很好的成績。不會上山的人的上山法，不會用功的人的用功法，都不是所謂「細水長流」，都不是可以長久的辦法。不論做何事，凡是可以長久的辦法，總是西洋人所謂「慢而靠得住」的辦法，亦即是所謂「細水長流」的辦法。諸葛亮說：「淡泊以明志，寧靜以致遠。」淡泊是儉，寧靜是所謂「細水長流」的辦法。

老子很喜歡水。他說：「上善莫若水。」又說：「天下莫柔弱於水，而攻堅，強者莫之能勝。」屋簷滴下來的水，一點一滴，似乎沒有多大力量。但久之它能將簷下的石滴成小窩。這即所謂「細水長流」的力量。

於此我們可以看出，在這一方面，勤與儉的關係。會上山的人，

慢慢地走,不肯一下用盡他的力量,這是儉。但他又是一步一步,不斷地走,這是勤。會用功的人,每天用相當時間的功,不「開夜車」,這是儉。但是「每天」必用相當時候的功,這是勤。不會上山的人,開始即快走,不肯留「有餘不盡」的力量,這是不儉。及至氣喘如牛,即又坐下不動,這是不勤。不會用功的人,開夜車,終夜不睡,這是不儉。考試一過,又束書不觀,這是不勤。照這兩個例看起來,勤與儉,在此方面,是很有關係的。所謂「細水長流」的辦法,是勤而且儉的辦法。

人的身體,如一副機器。一副機器,如放在那裡,永不開動它,必然要銹壞。但如開動過了它的力量,它亦很易炸裂。一副機器的壽命的長短,與用之者用得得當與否,有很大的關係。人的「形」「神」,亦是如此。我們的生活,如能勤而且儉,如上所說者,則我們可以「盡其天年而不中道夭」。道家養生的秘訣,說穿了不過是如此。這亦即所謂事天。我們的「生」是自然,是天然,所以養生亦是事天。

治一個國家,亦是如此。用一個國家的力量,亦需要使之有「有餘不盡」之意。不然,亦是不可以長久的。治國養生,是一個道理。

所以說：「治人事天莫如嗇。」用一個國家的力量或用一個人的力量，都要使之有「有餘不盡」之意，如此則可以不傷及它的根本。所以「嗇」是「深根固柢」之道。有了根深柢固的力量，然後能長久地生存，長久地做事，所以說：「儉故能廣。」

# 第九篇　存誠敬

　　誠敬二字，宋明道學家講得很多。這兩個字的解釋，可從兩方面說。就一方面說，誠敬是一種立身處世的方法。就又一方面說，誠敬是一種超凡入聖的途徑。我們於以下先就誠敬是一種立身處世的方法說。

　　就這一方面說，誠的一意義是不欺。劉安世說：「某之學初無多言，舊所學於老先生者，只云由誠入。某平生所受用處，但是不欺耳。」此所謂老先生即司馬光。劉安世《元城道護錄》說：「安世從溫公學，凡五年，得一語曰誠。安世問其目。公喜曰：『此問甚善。當自不妄語入。』予初甚易之，及退而驪栝日之所行，與凡所言，自相掣肘矛盾者多矣。力行七年而成。自此言行一致，表裡相應。遇事坦然，常有餘裕。」誠是司馬光一生得力的一字。劉漫堂《麻城學記》說：「溫公之學，始於不妄語，而成於腳踏實地。」不欺有兩方面，一是不欺人，一是不自欺。我們常說：「自欺欺人。」自欺欺人，都是不誠。所謂「不妄語」，即是不欺人；所謂「腳踏實地」，即是不自欺。例如一個人學外國文字，明知有些地方，非死記熟背不可，但往往又自寬解，以為記得差不多亦可。這即是自欺，亦即是不腳踏實地。朱子說：「做一件事，直是做到十分，便

是誠。若只做得兩三分，說道：今且慢恁地做。恁地做也得，不恁
地做也得，便是不誠。」明知須如此做，而卻又以為如此做亦可，
不如此做亦可，此即是自欺，亦即不是腳踏實地。劉安世力行不妄
語七年，始得「言行一致，表裡相應」，此即是自不欺人，進至不
自欺。言行一致，表裡相應，可以是不欺人，亦可以是不自欺。例
如一個人高談於國難時須節約，但是他自己卻時常看電影，吃館子。
他於看電影、吃館子時，他的心理若是：得樂且樂，我說應該節約，
不過是面子話，哪能認真？他的心理若果是如此，他的高談即是欺
人的妄語。於看電影、吃館子時，他的心理若是：雖然於國難時應
該節約，但偶然一兩人奢侈，於大局亦不致即有妨礙。他若以此自
寬解，他即以此自欺。真正言行一致，表裡相應的人，可以沒有如
此的欺人自欺。所謂真正言行一致，表裡相應者，即不但人以為他
是言行一致，表裡相應，而且他自己亦確知他自己是言行一致，表
裡相應。一個人的言，是否與他的行完全一致，一個人的「裡」，
是否與他的「表」完全相應，只有他自己能完全知之。所以只有於
他自己確知他自己是言行一致表裡相應時，始是真正完全地言行一
致，表裡相應。朱子說：「人固有終身為善而自欺者，不特外面如此，

而裡面不如此者，方為自欺。蓋中心願為善，而常有個不肯的意思，便是自欺也。須是打疊得盡。」真正言行一致，表裡如一的人，即是外不欺人，內不自欺的人。

　　程伊川說：「無妄之謂誠，不欺其次矣。」無妄即是沒有虛妄，沒有虛假。此所謂不欺，似是專就不欺人說。照我們以上的說法，不自欺即是沒有虛妄，沒有虛假。《大學》說：「所謂誠其意者，毋自欺也。如惡惡臭，如好好色。」惡惡臭的人，實在是惡；好好色的人，實在是好。他的好惡，一點沒有虛假的成分。如一個人看見一張名人的畫，他並不知其好處何在，但他可心裡想，既然大家都說好，必定是好，他因此亦以此畫為好。他以此畫為好，即是虛假的，至少有虛假的成分。又如一人對於一道理，自覺不十分懂，但可心裡想，或者所謂懂者亦不過如此，於是遂自以為懂。他自以為懂，即是虛假的，至少有虛假的成分。這種心理都是自欺，都不是無妄。如上所說看畫的人，不但自以此畫為好，而且或更以為須向人稱讚此畫，不然，恐怕他人笑他不能賞鑒此畫。此其向人稱讚，即是欺人。如上所說，自以為懂某道理的人，不但自以為懂，或且更以為須向人說他自己已懂，不然，恐怕他人笑他不能瞭解此道理。

此其向人所說，即是欺人。凡是謬托風雅，強不知以為知的人，都是自欺或欺人的人。不自欺比不欺人更根本些。不自欺的人，一定可以不欺人，但不欺人的人，不見得個個皆能不自欺。所以程伊川說：「無妄之謂誠，不欺其次矣。」

誠與信有密切的關係。我們常說誠信。信與誠都有實的性質，我們說信實，又說誠實。所謂實者，即是沒有虛假，即是無妄。若對於信與誠作分別，說信則注重不欺人，說誠則注重不自欺。不欺都是實，所以信曰信實，誠曰誠實。若對於信與誠不作分別，則誠可兼包不欺人，不自欺，信亦可兼包不欺人，不自欺。例如孟子說：「仁之實，事親是也；義之實，從兄是也；禮之實，節文斯二者是也；信之實，篤行斯二者弗去是也。」（此處作者記憶有誤。《孟子》原文為「仁之實，事親是也；義之實，從兄是也；智之實，知斯二者弗去是也；禮之實，節文斯二者是也」。 —— 編者）篤行即是實實在在地去行，即是於行時沒有一點自欺。由這一方面說，信與誠二字可以互用。不過信的意思，終是對人的成分多，而誠的意思，則是對己的成分多。

從社會的觀點看，信是一個重要的道德。在中國的道德哲學中，

信是五常之一。所謂常者，即謂永久不變的道德也。一個社會之能以成立，全靠其中的分子的互助。各分子要互助，須先能互信。例如我們不必自己做飯，而即可有飯吃。乃因有廚子替我們做飯也。在此方面說，是廚子助我們。就另一方面說，我們給廚子工資，使其能養身養家，是我們亦助廚子。此即是互助。有此互助，必先有互信。我們在此工作，而不憂慮午飯之有無，因為我們相信，我們的廚子必已為我們預備也。我們的廚子為我們預備午飯，因他相信，我們於月終必給他工資也。此即是互信。若我們與廚子中間，沒有此互信，若我們是無信的人，廚子於月終，或不能得到工資，則廚子必不幹；若廚子是無信的人，午飯應預備時不預備，則我們必不敢用廚子。互信不立，則互助即不可能，這是顯而易見的。

從個人成功的觀點看，有信亦是個人成功的一個必要條件。設想一個人，說話向來不當話，向來欺人。他說要赴一約會，但是到時一定不赴。他說要還一筆賬，但是到時一定不還。如果他是如此的無信，社會上即沒有人敢與他來往，共事，亦沒有人能與他來往，共事。如果社會上沒有人敢與他來往，共事，沒有人能與他來往，共事，他即不能在社會內立足，不能在社會上混了。反過來說，如

一個人說話,向來當話,向來不欺人,他說要赴一約會,到時一定到,他說要還一筆賬,到時一定還。如果如此,社會上的人一定都願意同他來往,共事。這就是他做事成功的一個必要的條件。譬如許多商店都要虛價,在這許多商店中,如有一家,真正是「貨真價實,童叟無欺」,這一家雖有時不能佔小便宜,但願到他家買東西的人,必較別家多。往長處看,他還是合算的。所以西洋人常說:「誠實是最好的政策。」

誠的另外一個意思,即是真,所謂真誠是也。劉蕺山說:「古人一言一動,凡可信之當時,傳之後世者,莫不有一段真至精神在內。此一段精神,所謂誠也。惟誠故能建立,故足不朽。稍涉名心,便是虛假,便是不誠。不誠則無物,何從生出事業來?」這一段話,是不錯的。以文藝作品為例,有些作品,令人百看不厭。有些作品,令人看一回即永遠不想再看。為什麼有些作品,能令人百看不厭呢?即因其中有作者的「一段真至精神」在內。所以人無論讀它多少遍,但是每次讀它的時候,總覺得它是新的。凡是一個著作,能永遠傳世者,就是因為,無論什麼人,於什麼時候讀它,總覺得它是新的。此所謂新,有鮮義。或者我們簡直用鮮字,更為妥當。例如我們看《論

語》,《孟子》,《老子》,《莊子》等,其中的話,不少不合乎現在的情形者。就此方面說,我們可以說,這些話是舊了。但是無論如何,他的話有種鮮味。這一種鮮味,是專門以摹仿為事的作品所不能有的。

下等文藝作品,不是從作者心裡出來的,而是從套子套下來的。例如有些俠義小說,描寫兩人打架,常用的套子是:某甲掄刀就砍,某乙舉刀相迎,走了十幾個照面,某甲氣力不加,只累得渾身是汗,遍體生津,只有招架之工,並無還刀之力,等等。千篇一律,都是這一類的套子。寫這些書的人,既只照套子抄寫,並沒有費他自己的精神,他的所謂作品當然不能動人,此正是「不誠無物」。

又有同樣一句話,若說的人是真正自己見到者,自能使人覺有一種上所謂鮮味。若說的人不是真正自己見到,而只是道聽途說者,則雖是同樣一句話,而聽者常覺味同嚼蠟。海格爾說:「老年人可以與小孩說同樣的話,但他的話是有他的一生經驗在內的。」小孩說大人的話,往往令人發笑,因其說此話,只是道聽途說,其中並沒有真實內容也。

就別方面說,一個大政治家的政策政績,一個大軍事家的軍略

戰績，我們無論於什麼時候去看，總覺得有一種力量，所謂「虎虎
有生氣」。以至大工業家或大商業家，凡能自己創業，而不是因人
成事者，他的生平及事業，我們無論於什麼時候去看，亦覺得有一
種力量，「虎虎有生氣」。他們都有「一段真至精神」，貫注在他
們的全副事業內。如同一個大作家，有「一段真至精神」，貫注在
他的整個作品內。如同一個人的身體，遍身皆是他的血氣所貫注。
就一個人的身體說，若有一點為其人的血氣所不貫注，則此部分即
死了。就一個作家的作品說，若有一點為其作家的精神所不貫注，
則此一點即是所謂「敗筆」。大政治家等的事業，亦是如此。這種
全副精神貫注，即所謂誠。精神稍有不貫注，則即有「敗筆」等，
此正是「不誠無物」。

有真至精神是誠，常提起精神是敬。粗淺一點說，敬即是上海
話所謂「當心」。《論語》說：「執事敬。」我們做一件事，「當心」
去做，把那一件事「當成一件事」做，認真做，即是「執事敬」。
譬如一個人正在讀書，而其心不在書上，「一心以為鴻鵠將至，思
援弓繳而射之」。這個人即是讀書不敬。讀書不敬者，決不能瞭解
他所讀的書。

　　程伊川說：「誠然後敬，未及誠時，卻須敬而後誠。」此所謂誠，即是我們於上文所說，真誠或無妄之誠。一個人對於他所做的事，如有「一段真至精神」，他當然能專心致志，聚精會神於那一件事上。所以如對一事有誠，即對於一事自然能敬。譬如一個母親，看她自己的孩子，很少使孩子摔倒，或出別的意外。但一個奶媽看主人的孩子，則往往使孩子摔倒，或出別的意外。其所以如此者，因一個母親對於看她自己的孩子，是用全副精神貫注的。她用全副精神貫注，她自然是專心致志，聚精會神，極端地當心看孩子，把看孩子「當成一件事」做。就其用全副精神貫注說，這是誠，就其專心致志，聚精會神，把看孩子當成是一件事，認真去做說，這是敬。有誠自然能敬，所以說誠然後敬。但如一個奶媽看人家的孩子，本來即未用全副精神貫注，所以她有時亦不把看孩子當成一件事，認真去做。就其不用全副精神貫注說，這是不誠；就其不把看孩子當成一件事，認真去做說，這是不敬。她不誠，如何教她敬呢？這須先讓她敬，讓她先提起精神，把看孩子當成一件事，認真去做。先敬而再可希望有誠。所以說：「未及誠時，則須敬而後誠。」程伊川的此話，可以如此講，但還有一種比較深的講法，下文再說。

照以上所說，敬字有專一的意思。程伊川說：「主一之謂敬，無適之謂一。」朱子說：「主一只是心專一，不以他念亂之。」又曰：「了這一事，又做一事。今人一事未了，又要做一事，心下千頭萬緒。」又曰：「若動時收斂心神在一事上，不胡亂思想，便是主一。」朱子又說：「凡人立身行己，應事接物，莫大乎誠敬。誠者何？不自欺，不妄之謂也。敬者何？不怠慢，不放蕩之謂也。」我們做事，必須全副精神貫注，「當心」去做。做大事如此，做小事亦須如此。所謂「獅子搏兔亦用全力」是也。人常有「大江大海都過去，小小陰溝把船翻」者，即吃對小事不誠敬的虧也。

我們於第八篇《勵勤儉》中說，我們可以從人的精神方面說勤。敬即是人的精神方面的勤。勤的反面是怠，敬的反面亦是怠。勤的反面是惰，敬的反面亦是惰。勤的反面是安逸，敬的反面亦是安逸。古人說：「無逸。」無逸可以說是勤，亦可以說是敬。人做了一事，又做一事，不要不必需的休息，此是普通所謂做事勤。人於做某事時，提起全副精神，專一做某事。此是孔子所謂「執事敬」。於無事時，亦常提起全副精神如準備做事然。此即宋明道學家所謂「居敬」。朱子說：「主一又是敬字注解，要之事無小無大，常令自家

思慮精神盡在此。遇事時如此，無事時亦如此。」又說：「今人將敬來別做一事，所以有厭倦，為思慮引去。敬是自家本心常惺惺便是。又豈可指擎跽曲拳，塊然在此，而後可以為敬？」又說：「敬卻不是將來做一個事。今人多先安一個敬字在這裡，如何做得？敬只是提起這心，不教放散。」宋明道學家所謂「求放心」，所謂「操存」，所謂「心要在腔子裡」，都是說此。簡言之，居敬或用敬，即是提起精神，「令自家思慮精神盡在此」。

我們現在常聽說：人必須有朝氣。所謂有朝氣的人，是提起精神，奮發有為的人。若提不起精神，萎靡不振的人，謂之有暮氣。我們可以說，能敬的人自然有朝氣，而怠惰的人都是有暮氣。

敬可以說是一個人的「精神總動員」。由此方面說，敬對於人的做事的效率及成功，有與現在普通所謂奮鬥、努力等同樣的功用。

以上是將敬作為一種立身處世的方法說。以下再將敬作為一種超凡入聖的途徑說。凡者對聖而言。聖是什麼？我們於《新理學》中已經說過。我們本書的性質，不容我們現再詳說。但為讀者方便起見，於下粗略言之。

一般的宗教家及一部分的哲學家，都以為人可以到一種境界，

在其中所謂人己內外的界限，都不存在。所謂人己內外，略當於西
洋哲學中所謂主觀客觀。主觀是己，是內；客觀是人，是外。在普
通人的經驗中，這個界限是非常分明的。但人可到一種境界，可有
一種經驗，在其中這些界限都泯沒了。這種境界，即所謂萬物一體
的境界。這種境界，即宋明道學家所謂聖域。能到這種境界，能入
聖域的人，即宋明道學家所謂聖人。

　　宗教家所說，入聖域的方法，即所謂修行方法，雖有多端，但
其主要點皆不離乎精神上的勤。如耶教佛教之念經打坐，皆所以「令
自家思慮精神盡在此」也。用此念經打坐等方法，「令自家思慮精
神盡在此」，是於日用活動之外，另有修行方法。這種方法，可以
說是主靜。靜者對於活動而言，宋明道學家有講主靜者，有教人靜
坐者。朱子說：「明道在扶溝，謝遊諸公，皆在彼問學。明道一日曰：
『諸公在此，只是學某說話，何不去力行？』二公曰：『某等無可
行者。』明道曰：『無可行時，且去靜坐。蓋靜坐時便涵養得本原
稍定。雖是不免逐物，及自覺而收斂歸來，也有個着落。』」所謂「涵
養得本原稍定」，及「收斂歸來，也有個着落」者，即是「令自家
思慮精神盡在此」也。凡此大概都是受佛家的影響。

伊川雖亦說，「涵養須用敬」，但他亦「見人靜坐，便歎其善學，曰：『這卻是一個總要處。』」至朱子始完全以主敬代主靜。這是宋明道學的一個很重要的進展。蓋主敬亦是「令自家思慮精神盡在此」，但主靜則須於日用活動之外，另有修行工夫，而主敬則可隨時隨事用修行工夫也。朱子說：「濂溪言主靜」，「正是要人靜定其心，自作主宰。程子又恐只管靜去，遂與事物不相涉，卻說個敬」。正說此意。

常「令自家思慮精神盡在此」，如何可以達到所謂萬物一體的境界？若欲答此問題，非將主有此境界的宗教家與哲學家所根據的形上學，略說不可。但此非本書的性質及範圍所可容許者。如欲於此點，多得知識者，可看《新理學》。

現所需略再附加者，即在中國哲學中，誠字有時亦指此內外合一的境界。程伊川說：「誠然後敬，未及誠時，卻須敬而後誠。」其所謂誠，或指此所說境界；其所謂敬，或指此所說達此境界的方法。上文說：伊川此言，或有較深的意義。其較深的意義，大約是如此。敬的功用如此之大，所以朱子說：「敬之一字，聖學所以成始而成終者也。」又說：「敬字真是學問始終，日用親切之妙。」立身處世，

是聖學之始；超凡入聖，是聖學之終。二者均須用敬。所以敬字真是學問始終。

　　如此以敬求誠，是宋明道學家所說誠敬的最高義。

# 第十篇　應帝王

　　本篇所講的，是做首領的方法。我們於《緒論》中說，本書所講生活方法，是人人都可以用，並且是事實上人人都多少已用者。照這方面說，我們於本書中，似乎不必講做首領的方法，因為不能人人都做首領。但從另一方面說，有做首領的方法，凡做首領的人，都可以用，而且事實上都多少已用。此即是說，有做首領的方法，人人都可以用，而且事實上都多少已用，只要他做首領。所以我們於本篇所講的做首領的方法，亦可說是人人都可用而且是事實上都多少已用者。

　　本篇標題為《應帝王》，因為帝王是人中最大的首領。此所謂大首領者，並不是說，為帝為王的人，都必有偉大的人格，超越的能力，而是說，為帝為王的人，是統率最大的人群的人。我們於此所說首領的小大，只是就其所統率的人群的小大說。由此方面說，一個首領愈大，愈須用我們於此篇所講的做首領的方法。我們所講的方法，對於愈大的首領，愈是有用。所以本篇，借用《莊子》中的一個標題，標題為《應帝王》。

　　當首領，尤其是當大首領的方法，第一要無為。我們常聽說，某人勤於治公，「事必躬親」。對於一般的辦公的人說，「事必躬

親」，是一種很大的長處。但對於當首領，尤其是當大首領的人說，則事必躬親，不僅不是一種很大的長處，而且是一種很大的短處。做首領者，當然亦有需其躬親之事，但不可凡事皆躬親。凡事皆躬親是有為，有為不是做首領的方法。

《莊子・天道》篇說：「帝王之德……以無為為常。無為也，則用天下而有餘。有為也，則為天下用而不足。……上無為也，下亦無為也，是下與上同德，下與上同德則不臣；下有為也，上亦有為也，是上與下同道，上與下同道則不主。上必無為而用天下，下必有為為天下用，此不易之道也。」《莊子》說這是「用人群之道」。「用人群之道」，正是做首領的方法。

假定我們所說的大首領，是一個國的王，或總統，或總理等。一國的事，真是千頭萬緒，而一個人的精力、時間，則都是很有限的。若一國的事，無論大小，都要他親自經手，則勢必只有很小的一部分事能辦，其餘大部分的事皆不能辦了。這就叫做「有為則有不為」。在這種情形下，做首領者，即是「為天下用」。他「為天下用」，而尚不足以盡辦天下之事，此即是「有為也，則為天下用而不足」。

善於做首領的人，將一國之事，皆分配於他的下屬，責成他們

為之;而他自己,只高坐在上,考核他們的「為」的成績。如此他不必親手多辦事,而事無不辦。這叫做「無為而無不為」。在這種情況下,做首領者,即是「用天下」。他不必親手多辦事,而事無不辦。此即是「無為也,則用天下而有為」。

做下屬的人,應該有為;做首領的人,應該無為。若首領無為,下屬亦無為,則下屬不合乎為下屬之道,所以說是「不臣」。若下屬有為,首領亦有為,則首領不合乎為首領之道,所以說是「不主」。不過所謂上下,大部分是相對的。就我們現在所有的政治制度說,例如一部的部長,在他的部內,他是首領,他應當無為。他應當將部內的事,分配於各司,而責成各司長去辦。但對於行政院院長說,他又是下屬,他應當有為。他必須擬定關於他的部的事的大政方針及一般的政策等。惟一國的最高的首領,則只是上而不是下,所以他只須無為,而不須有為。所以從前道家法家說無為,都是就帝王說。

我們常聽說,現在的政治不上軌道。其一端即是上有為而下無為。做首領的人,往往都以察察為明,以事必躬親為負責任。他的全副精神,往往用在很瑣碎的事上,而一般的政策,反而無暇顧及。

瑣碎的事是多得很，他雖疲精勞神，而仍顧不過來。但因為他要事
必躬親，所以他雖顧不到的事，他的下屬，亦不敢辦。在很多機關
裡，首領忙得馬不停蹄，而下級人員，卻在辦公室裡，除吸煙、看報、
閒談外，沒有事可辦。於是上有為而下無為，上「為天下用而不足」，
結果是，上的精神於某一時顧到某一部分，此一部分即馬上百廢俱
興。等到他的精神，於另一時轉移到另一部分，這一部分又馬上百
興俱廢。無論哪一部分，首領的精神，總是顧到的時候少，而顧不
到的時候多。所以無論哪一部分，都是百廢俱興的時候少，而百興
俱廢的時候多。

做首領的人，能夠無為，因為他有一種方法，以統治其下，一
切事都使其下為之。照《莊子·天道》篇所說，這種方法，包含有
分守、形名、因任、原省、是非、賞罰等步驟。譬如一個首領，組
織一個什麼機關。頭一件事要做的，是制定這個機關的組織章程，
規定這個機關裡應該設些什麼職員，什麼職員做什麼事。此即是所
謂分守。分守既定，則派定某人做什麼職員。某人是形，什麼職員
是名。此即是所謂形名。既已派定某人做什麼職員，則什麼職員所
應做之什麼事，即由某人完全負責做去，首領不加干涉，此即所謂

因任。做什麼職員之某人，如何做什麼事，首領不干涉，首領只在後考核其做什麼事的成績。此即所謂原省。省者，省察也。首領考核職員的成績，其成績好者為是，否者為非。此即所謂是非。是非既定，首領即賞其是者，而罰其非者。此即所謂賞罰。此數步驟若都能認真做到，則一切事情，不必首領自己去辦，而都自然完全辦了。此即是所謂「用天下而有餘」。

此所說步驟，包括法家所謂綜核名實。例如一個首領派某人為什麼職員，此某人即是實，什麼職員即是名。此首領既已派某人為什麼職員，則此什麼職員所應做的什麼事，為法律所規定者，此某人必都須做之，而且都要做得好。法律規定，什麼職員必須做什麼事，首領即將此什麼事責成做什麼職員的某人去辦，此即是循名責實。如某人將此什麼事辦得很好，即是實合乎名，不然即是實不合乎名。這種辦法即是綜核名實。

孫中山先生說，在政治裡，權能要分開。有權者用有能者，命其做事。其如何做，有權者可以不問，而只看其成績如何。譬如坐汽車者是有權者，開汽車者是有能者。坐汽車者欲往何處去，只須說一句話，開汽車者自會開去。開車者怎樣開，及走什麼路，坐車

者不問，而只看其是否能開到坐車者所欲往之地，並且是否開得迅速、穩妥。中山先生所說，正是以上所說的意思。做首領的人是有權者，他的下屬是有能者。做首領的人如坐汽車的，他的下屬如開汽車的。他欲做什麼事，只須說一句話，至於如何做，則可由其下屬負責為之。照道家法家所說，做首領的人，不但可以無能，而且即有能亦不可用。《莊子・天道》說：「故古之王天下者，知雖落（絡）天地，不自慮也；辯雖彫（雕）萬物，不自說也；能雖窮海內，不自為也。」為什麼他不為呢？因為他如有為，他必有不為。他必須無為，他才能無不為。

首領是有權者，權之表現為賞罰。法家謂賞罰為二柄。這是當首領的人驅使群倫的兩個工具，亦可以說是一個工具的兩方面。做首領的人，譬如一個趕西洋式馬車的人。他高高地坐在車上，讓馬拉車走。他看那馬走得慢，就打它一鞭。看見那馬走得快，晚上就多與它一點草料。他所做的事，只是如此。他用不着下車來幫馬拉車。他若下車來幫馬拉車，所加的力量有限，而拉車的幾個馬，反因沒人指導，而走亂了步驟，拉錯了方向。中國舊日稱皇帝治天下為御天下。因此凡皇帝的一切舉動，皆稱為「御」。御者，趕車也。

可見上所說比喻，是很合適的。就拉車說，馬是有為，趕車的人是無為。趕車的人坐在車上趕馬，是「用天下而有餘」。他下車來幫馬拉車，是「為天下用而不足」。

當首領的人，最困難的事是用人。我們常說「為事擇人」，這是不錯的。但是有個什麼方法，可以擇出適當的人呢？儒家的人向來認為這是一個很困難的問題。所以說：「知人則哲。」孟子亦說，「以天下與人，易；為天下得人，難。」但是，照法家的看法，「為事擇人」，並不是困難的事。當首領的人，只要能綜核名實，信賞必罰，這種似乎是困難的事，自然不困難。譬如一個當首領的人，要找一個人做某事。他只須說：我現在要一個人做某事，你們自覺有辦這種事的能力的人，都可以來試一試。不過我預先聲明，試的結果，成績不好的，我一定砍他的頭。如果真是這樣做了幾次，沒有辦某事的能的人，自然不敢冒充有能，而真有辦某事的能的人，自然有機會辦某事了。《莊子·天道》篇亦如此說。《天道》篇說：「賞罰已明，而愚知處宜，貴賤履位，仁賢不肖襲情。」在賞罰不明的地方，做事成績好者，不必得賞；成績壞者，不必得罰。於是不能做事者，可以隨便混充；能賢事者，亦無以自見。但在賞罰分明的

地方，這種情形，自然沒有。能大的人，自然有機會辦大事；能小的人，自然只辦小事。當首領的人，不必用別的方法，「為事擇人」，而各種事已自然為其自己擇人了。法家及一部分的道家的這種看法，雖或者過於簡單，我們雖或可以對這一班人說，問題沒有這麼簡單，但他們的這種說法，是有一大部分的真理，他們的這種辦法，在大多數情形下可以適用，這是我們所必須承認的。

賞罰的最大的功用，並不僅在於鼓勵或警戒當事的人，而且在於使一般人知所鼓勵，知所警戒。當首領的人，必須使其所統率的人，皆知如何如何必得賞，皆對於如何如何必得賞，沒有一點懷疑的心；必須使其所統率的人，皆知如何如何必受罰，皆對於如何如何必受罰，沒有一點僥倖的心。如此則賞罰的功用，始能充分顯著。所以當首領的人，如欲以賞罰為「二柄」，則必須信賞必罰。賞而不信，罰而不必，其鼓勵或警戒，是不會有很大的效果的。

以上所說，大致是法家及一部分道家的意思。上無為而下有為，即所謂「主逸臣勞」。這個逸應該只是「無為」的意思，而「無為」的意思，又應該是如以上所說者。有一部分的法家，以為當帝王的人，能夠用他們所說的這種辦法，則即可以終日享樂而治天下。既

然什麼事都由臣下辦了，則為君者，聲色遊田，皆可隨便。他們這種說法，不是為奉迎當時國君的喜好，即是把人與人的關係，把當首領的方法，看得太機械了。把人與人的關係，看得太機械了，是不對的。把當首領的方法，看得太機械了，亦是不對的。所以我們講當首領的方法，除了說無為一點外，還要再加上三點，即無私，存誠，與居敬。

　　我們於上文說到信賞必罰。信賞必罰，需要當首領的人的大公無私。

　　當首領的，對於他的下屬，要真正的「鑒空衡平」。對於他的下屬，他所要的，是他們的做事成績。成績好的，雖仇必賞；成績壞的，雖親必罰。賞不避仇，罰不避親，這樣才可以使賞罰有最大的功用。這一點本是法家及一部分道家所亦常說的。朱子說：「前輩言，做宰相只要辦一片心，與一雙眼。心公則能進賢退不肖。眼明則能識得哪個是賢，哪個是不肖。此兩言說盡做宰相之道。」做宰相「只要」此，其餘皆可「無為」也。心公即此所說之無私也。

　　當首領的人用人，除了以其能為標準外，不應該有別的標準，現在有些做大官的人，專用他的親戚，或專用他的同鄉。這些人都

是做官，不是做事。他們的錯誤，是不待言的。還有些首領，是真心要做事，但卻於其下屬中，分別誰是他的嫡派，是真心擁護他的，誰不是他的嫡派，不是真心擁護他的。這亦是有私。他既有這種私，他的心即不能如鑒之空，於執行賞罰的時候，自然亦不能如衡之平。如此則賞罰的功用，即不能顯著了。如此，則事不能為其自己擇人，而為首領者不免為人擇事。如此，則此首領的大事，必要失敗。例如明朝的皇帝，總以為他的宦官是真心擁護他的，重要的事，都交宦官辦。崇禎皇帝，鑒於魏忠賢之禍，原是下決心不用宦官的。但不久即又變卦，末了還是吃宦官的虧，弄得國破家亡。這都是由於有私的緣故。

有人說《水滸傳》寫宋江，是借宋江以罵歷朝的太祖高皇帝。這話不必是。宋江的行為，很有些與歷朝的太祖高皇帝相同。但這不必是施耐庵有意如此寫。宋江的行為，有些是當首領的人的行為；歷朝的太祖高皇帝的行為，有些亦是當首領的人的行為。既都有些是當首領的人的行為，則其有些相同，是當然的。《水滸傳》又寫一個王倫。王倫是個失敗的首領，宋江是個成功的首領。《水滸傳》說，林沖要殺王倫，「王倫見勢頭不好，口裡叫道，我的心腹都在

哪裡」，他要把山寨裡人分為心腹與非心腹，這就證明他不能為全
山寨的首領了。他既然把山寨裡人分為心腹與非心腹，他對待非心
腹的人，當然不免歧視。所以林沖罵他，說：「這梁山泊便是你的？
你這嫉賢妒能的賊，不殺了要你何用？你也無大量大才，做不得山
寨之主。」到這時候，王倫「雖有幾個身邊知心腹的人」，又有什
麼用處呢？宋江便不是如此。宋江無論見什麼人，總叫他覺得宋江
以他為心腹。他看見人，總先上去拉着手。金聖歎說：「宋江一生，
以攜手為第一要務。」他能叫人都覺得，宋江以他為心腹，他即可
叫人做他的心腹。他若能叫全山寨的人都是他的心腹，他即可穩坐
山寨的第一把交椅。

　　王倫與晁蓋等七條好漢送行，只拿出五錠大銀（金聖歎批說：
「醜！」）。而宋江見人，動手即拿出大把銀子。這亦是一個失敗
的首領與一個成功的首領的不同之處。就歷史上的人物說，這亦是
項羽與漢高的一個不同之處。人有功，當封爵者，項羽「印刓敝，
忍不能予」。這心理，正是王倫拿出五錠大銀的心理。漢高對於功臣，
封爵裂土，毫不在乎。這心理，正是宋江見人即拿出大把銀子的心
理。王倫與宋江，項羽與漢高的這種分別，亦是有私與無私的分別。

　　有私的首領，如王倫、項羽之流，因有私，壞了自己的大事。
無私的首領，如宋江、漢高之流，因無私，一個得了梁山，一個創
了帝業。王倫常使人覺得，他以梁山泊是他的，結果梁山泊不是他
的。宋江常使人覺得，他不以梁山泊是他的，結果梁山泊卻是他的。
這證明了《老子》的話：「非以其無私耶？故能成其私。」

　　《老子》又說：「聖人後其身而身先。」又說：「欲上民，必
以言下之；欲先民，必以身後之。」又說：「不敢為天下先，故能
成器長。」先民，上民，為長，都是做首領。宋江見人即攜手，送
銀子，說好話，使人覺得，他以為什麼人都比他自己重要，都比他
自己強。普通人都要使人覺得，無論什麼人都沒有他自己重要，都
沒有他自己強。宋江能反乎眾人之所為，這就是他超乎眾人的地方。
這亦是他所以能坐第一把交椅的原因。坐第一把交椅，居眾人之上，
本是惹人反感的事。宋江能使人常覺得他以為什麼人都比他自己重
要，都比他自己強，則可使人樂於推戴。《老子》說：「是以聖人
處上而民不重，處前而民不害。是以天下樂推而不厭。以其不爭，
故天下莫能與之爭。」處上而能不使人有反感，則可以處上而民不
重，處前而民不害了。如果大家都以他為厭物，他如何能坐第一把

交椅呢？九天玄女與宋江的天書上，未必講這些道理，不過宋江所行，很有些合乎這些道理。

　　林沖罵王倫說：「你也無大量大才，做不得山寨之主。」有大量，亦是做首領的必要條件之一。俗語說，「宰相肚裡撐下船」，言其度量之大也。一個做首領的人，賞不能避仇，罰不能避親，又要如宋江之流，見人說好話，送銀子。行事如不得人的諒解，則謗讒集於一身。凡當大首領的人，當他的生時，都是「譽滿天下，謗亦隨之」。如不是一個大量的人，恐怕隨時都可氣死。俗語說：「當家人是污水缸。」《老子》說：「能受國之垢，是為社稷主。」污水缸正是「受國之垢」者。能受國之垢者，始可為社稷主；受國之垢，非大量人不能。

　　我們以上引宋江作例，或未免似乎可笑，或將以為我們意存諷刺。其實我們並沒有這個意思。以宋江為例之所以似乎可笑者，因照施耐庵所描寫，更加以金聖歎所批評，宋江的行為，顯然是造作的，虛偽的。而歷史上真的大首領的行為，或不必全是造作的，虛偽的；或其是造作的，虛偽的，未必如此顯然可見。做首領的人，如欲免除宋江之似乎可笑，則須使其這一類的行為，都是真的。此

即我們所謂存誠。所謂都是真的者，即於其不分派別，不用私人時，並非以為，如此乃可以得全體下屬的擁護；而乃「有天下而不與」，視第一把交椅之得失，為無足輕重，故不必自養心腹，以擁護自己。其拿大把銀子，並非以為，如此乃可以收買人心；而乃出於憐才好士，不能自已。其使人覺得，他以為什麼人都比他自己重要，都比他自己強，並非以為，如此乃可以減少人的反感；而是確實自然謙沖，如我們於第五篇所說者。他的大量，並不是他勉強容忍；而是實在覺得，些須小節，無足計較。這是真的無私，真的善下，真的大量。《老子》所講的，都是這些真的。真地無私者，才能真成其私。真地善下者，才能真居人上。真地不爭者，才能真使人莫能與之爭。所以於這些都是真的者，才能當真的大首領。

　　於這些都是造作的，虛偽的者，是宋江。於這些有些是真的，有些是造作的，虛偽的者，是漢高、唐太。於這些都是真的者，是道家儒家所謂聖王。

　　一個首領須要無為。不過所謂無為者，是總攬大綱，不親細務。細務固不須親，亦不可親。但大綱卻是要總攬的。對於總攬大綱，他亦須專心一意，以全副精神貫注。一個趕馬車的人，固然不須下

車來代馬拉車，亦不可下車來代馬拉車。但他對於他的整個的車馬，若不時時刻刻，留意當心，他的車或會翻入溝中。一個做首領的人，對於他所統率的人群，亦是如此。他必須對於他所總攬的大綱，以全副精神貫注，專心致志，時時刻刻，留意當心。此即所謂居敬。我們於上文說，首領要無為，下屬要有為。做首領的方法，與做下屬的方法不同。但我們於第九篇所說居敬，則是首領下屬，所皆需要的。

或可問：如一個首領，能將上文所說者，皆完全做到，豈不是一個聖王了嗎？我們說：當然是的。聖王未必在實際上實有，但實際上的首領，如果不是完全失敗，必多少做到如上所說者，而欲為完全的首領者，必都須以聖王為其理想的標準。這是可以確實說的。

| | | |
|---|---|---|
| 責任編輯 | | 羅冰英 |
| 書籍設計 | | 依蝶蝶 |

| | | |
|---|---|---|
| 書　　名 | **新世訓——生活方法新論** |
| 著　　者 | 馮友蘭 |
| 出　　版 | 三聯書店（香港）有限公司 |
| | 香港鰂魚涌英皇道 1065 號 1304 室 |
| | Joint Publishing (H.K.) Co., Ltd. |
| | Rm. 1304, 1065 King's Road, Quarry Bay, Hong Kong |
| 香港發行 | 香港聯合書刊物流有限公司 |
| | 香港新界大埔汀麗路 36 號 3 字樓 |
| 印　　刷 | 陽光印刷製本廠 |
| | 香港柴灣安業街 3 號 6 字樓 |
| 版　　次 | 2012 年 5 月香港第一版第一次印刷 |
| 規　　格 | 大 32 開（140×203 mm）224 面 |
| 國際書號 | ISBN 978-962-04-3211-8 |

本書原由北京大學出版社以書名《新世訓》出版，
現經北京大學出版社授權三聯書店（香港）有限公司
在除中國大陸以外地區出版發行繁體字版。